早わかり！Q&A
とっても簡単
国際相続・贈与税

本郷　孔洋 [監修]
辻・本郷税理士法人 [編集]

税務経理協会

はしがき

　経済がグローバル化する中で，財産を外国へ移転する方や，外国の方と国際結婚をして外国に財産を持っている方が増加しております。このような中，海外に財産を保有したまま亡くなって相続が発生したケースや，外国へ留学した孫へ現金を贈与したいというケースが増加し，この場合の相続税や贈与税の取扱いはどうなるのでしょうか，というご相談が増えてきています。
　一般の方はもちろんのこと，このようなお客様を持つ金融機関の方からも，このようなご質問を受けることが増えてきました。

　また，これらの財産の国際化の動きとともに，国際的な租税回避事例も問題となってきています。記憶に新しいところで，某サラ金大手の事件は非常に大きな話題となりました。その還付額の大きさもさることながら，実務的には，生活の本拠の判定について注目を浴びる判決となりました。結果として納税者の勝訴となりましたが，課税庁側としては，国際的な租税回避スキームを規制しようとする流れが一段と強くなったように思います。

　これまでの国際的な租税回避スキームへの課税庁側の対応として，平成12年改正の納税義務の範囲の改正がありました。これにより，納税義務の判定について住所地主義から国籍主義に改正され，外国に住所があったとしても，原則として日本の相続税・贈与税の課税から逃れられなくなりました。また，平成24年改正により，国外財産調書制度が創設され，平成25年12月31日に，国外に5,000万円以上の財産を保有

する人は，税務署に報告するよう義務付けられました。この制度については，罰則があることに特徴があり，富裕層の方にとっては非常に注目度の高い制度となります。

　以上のように，国際相続・贈与については，現在非常に注目を浴びております。何よりも，まずは正しく申告することが一番大事なことだと考えております。一般の方や，専門家の方，金融機関の方など，国際相続・贈与に携わるすべての皆様に，少しでもお役に立てていただければ幸いに存じます。
　また，国際相続に関するご相談はぜひ弊社へご相談ください。辻・本郷税理士法人の本部，全国の支部，海外の現地法人を総動員して対応させていただきます。
　ハワイの現地法人より，国際化の風を感じながら……。

平成25年2月吉日

辻・本郷税理士法人

理事長　本郷　孔洋

目　　次

第1章　国際私法（国際相続の相続人の判定）

- **Q1**　国際結婚をしていた場合に相続が発生した場合①……… 2
- **Q2**　国際結婚をしていた場合に相続が発生した場合②……… 4
- **Q3**　外国人が遺言をする場合………………………………… 6
- **Q4**　外国籍の者の相続放棄…………………………………… 8
- **Q5**　外国の資産の遺産分割……………………………………10
- 【コラム】国際結婚と婚姻届……………………………………12

第2章　申告の要否の判定

- はじめに……………………………………………………………14
- **Q1**　マトリックス①
  （贈与者日本，受贈者日本，国外財産を贈与）………………16
- **Q2**　マトリックス②
  （贈与者日本，受贈者海外，国内財産を贈与）………………18
- **Q3**　マトリックス③
  （贈与者日本，受贈者海外，国外財産を贈与）………………20
- **Q4**　マトリックス④
  （贈与者海外，受贈者日本，国内財産を贈与）………………22
- **Q5**　マトリックス⑤
  （贈与者海外，受贈者日本，国外財産を贈与）………………24
- **Q6**　マトリックス⑥
  （贈与者・受贈者海外，5年以内日本に住所，国内財産を贈与）…26
- **Q7**　マトリックス⑦
  （贈与者・受贈者海外，5年以内日本に住所，国外財産を贈与）…27

- **Q8** マトリックス⑧
  （贈与者・受贈者海外，5年超日本に住所なし，国内財産を贈与）……28
- **Q9** マトリックス⑨
  （贈与者・受贈者海外，5年超日本に住所なし，国外財産を贈与）……30
- **Q10** マトリックス⑩
  （被相続人日本，相続人日本，海外財産を相続）………………32
- **Q11** マトリックス⑪
  （被相続人日本，相続人海外，国内財産を相続）………………34
- **Q12** マトリックス⑫
  （被相続人日本，相続人海外，海外財産を相続）………………36
- **Q13** マトリックス⑬
  （被相続人海外，相続人日本，国内財産を相続）………………38
- **Q14** マトリックス⑭
  （被相続人海外，相続人日本，海外財産を相続）………………40
- **Q15** マトリックス⑮
  （被相続人・相続人海外，5年以内に日本に住所，国内財産を相続）…41
- **Q16** マトリックス⑯
  （被相続人・相続人海外，5年以内に日本に住所，国外財産を相続）…42
- **Q17** マトリックス⑰
  （被相続人・相続人海外，5年以内に日本に住所なし，国内財産を相続）…43
- **Q18** マトリックス⑱
  （被相続人・相続人海外，5年以内に日本に住所なし，国外財産を相続）…45

第3章　資産の所在地

- はじめに………………………………………………………………48
- **Q1** 外貨預金の相続……………………………………………………49
- **Q2** イギリスの日本支店の普通預金の所在地……………………50
- **Q3** アメリカの銀行のハワイ支店の普通預金の所在地……51
- **Q4** イタリアの会社の株式を相続した場合の株式の所在地……52
- **Q5** 日本の証券会社で購入したオーストラリア国債の所在地……53
- **Q6** アメリカの保険会社の死亡保険金の所在地…………………54
- **Q7** 中国における長期貸付金の所在地……………………………55

目 次

- Q8 アメリカの保険会社の保険契約に関する権利の所在地‥‥56

第4章　国外財産の評価方法

- Q1 アメリカの土地の評価方法‥‥‥‥‥‥‥‥‥‥‥‥60
- Q2 アメリカでの小規模宅地等の特例の適用‥‥‥‥‥‥62
- Q3 アメリカの賃貸物件の評価方法‥‥‥‥‥‥‥‥‥‥64
- Q4 アメリカの建物の評価方法‥‥‥‥‥‥‥‥‥‥‥‥66
- Q5 アメリカの未上場株式の評価方法‥‥‥‥‥‥‥‥‥68
- Q6 アメリカで登録した自動車の評価‥‥‥‥‥‥‥‥‥70
- Q7 アメリカの上場株式の評価方法‥‥‥‥‥‥‥‥‥‥72
- Q8 小規模宅地の特例と3年内家なき子‥‥‥‥‥‥‥‥74
- 【コラム】在外財産で節税は可能か？‥‥‥‥‥‥‥‥‥‥75

第5章　為替換算の方法

- Q1 アメリカの上場株式の換算の時期‥‥‥‥‥‥‥‥‥78
- Q2 為替相場がない場合‥‥‥‥‥‥‥‥‥‥‥‥‥‥‥79
- Q3 為替レートが複数ある場合‥‥‥‥‥‥‥‥‥‥‥‥80
- Q4 先物外国為替契約の場合の換算レート‥‥‥‥‥‥‥81
- Q5 外国税額の換算の日の判定‥‥‥‥‥‥‥‥‥‥‥‥82

第6章　相続税の外国税額控除

- Q1 アメリカで遺産税の申告を済ませている場合‥‥‥‥84
- Q2 税額が未確定の場合の外国税額控除‥‥‥‥‥‥‥‥86
- Q3 相続税額よりも外国税額控除が多い場合‥‥‥‥‥‥87
- Q4 数カ国で相続税が課税された場合‥‥‥‥‥‥‥‥‥89

- Q5　相続財産が数カ国に所在する場合 ………………………… 91

第7章　国外財産調書制度（国外送金等調書制度）

- Q1　国外財産調書制度の概要 …………………………………… 94
- Q2　新制度における報告すべき財産 …………………………… 99
- Q3　ハワイのコンドミニアムの評価 …………………………… 102
- Q4　申告期限後の相続財産の申告 ……………………………… 104
- Q5　国外財産調書の様式 ………………………………………… 106
- Q6　国外財産の把握の仕方 ……………………………………… 108

第8章　アメリカの遺産税の手続き

- Q1　概　要 ………………………………………………………… 112
- Q2　控除額 ………………………………………………………… 113
- Q3　課税対象 ……………………………………………………… 114
- Q4　申告義務者 …………………………………………………… 115
- Q5　申告期限 ……………………………………………………… 117
- Q6　対象となる遺産税 …………………………………………… 118
- Q7　財産評価 ……………………………………………………… 120
- Q8　控除項目 ……………………………………………………… 121
- Q9　二重課税 ……………………………………………………… 122
- Q10　配偶者控除 ………………………………………………… 124
- Q11　贈与税の対象 ……………………………………………… 125
- Q12　贈与税の納税義務者 ……………………………………… 126
- Q13　アメリカの夫から妻への贈与 …………………………… 127
- Q14　相続手続き ………………………………………………… 128
- Q15　検認裁判所 ………………………………………………… 129

Q16	検認裁判所の回避 ··· 130
Q17	信託の作成 ··· 131
Q18	アメリカ在住の子供が相続した場合 ······················· 132
Q19	日本在住の子供が相続した場合 ······························ 133
Q20	日本にある財産を贈与する場合 ······························ 134
Q21	アメリカにある財産を贈与する場合 ······················· 135
Q22	日米の申告期限の違い ·· 136

[図表] 日本所在の資産を日本在住者から
　　　　アメリカ在住者に贈与した場合 ················ 138
[図表] アメリカに所在する遺産 ······················· 138
[図表] アメリカ在住の資産を贈与する場合 ············ 139

第9章　徴収共助条約

Q1	徴収共助条約 ··· 142
Q2	徴収共助の方法 ·· 144
Q3	情報交換 ·· 146

第10章　その他項目

| Q1 | ジョイント・アカウント，ジョイント・テナンシー ···· 150 |
| Q2 | サイン証明 ··· 153 |

【コラム】資産フライト前にお産フライト ················ 155
【参考文献】 ·· 157

第1章

国際私法
(国際相続の相続人の判定)

Q1 国際結婚をしていた場合に相続が発生した場合①

日本人である私は国際結婚をして外国で生活をしていました。今回，配偶者が死亡したため，日本と外国にある財産について，相続税が課されると思うのですが，どこの国の法令に準拠するのですか。

Answer

外国人の配偶者が亡くなった場合，その相続については被相続人の本国の法律によります。

解　説

1. 相続準拠法の決定

(1) 被相続人が外国人（日本国籍以外の国籍を有する場合）の場合，日本人が亡くなったが相続人の中に外国籍の方が含まれる場合，被相続人の財産が外国にもある場合等を広く**渉外相続**といいます。

(2) 被相続人の相続について，いかなる国の法律が適用になるかは，相続の準拠法の問題であり，わが国では，「法の適用に関する通則法[※]」第36条が「相続は，被相続人の本国法による。」と定めています。

　　すなわち，被相続人が死亡当時国籍を有していた国の法律に従うことになります。

　　※　以前は「法例」第26条が規定していましたが，「法例」（明治31年制定）は平成18年に全面改正され，名称も「法の適用に関する通則法」

に改められました。平成 19 年 1 月 1 日より施行されています。
　以下,「法の適用に関する通則法」を「法適用通則」と略します。
(3)　さらに,法適用通則第 41 条では,「当事者の本国法によるべき場合において,その国の法律に従えば日本法によるべきときは,日本法による。」と定められており,法適用通則第 36 条により指定された被相続人の本国の国際私法が当該問題の準拠法として日本法を指定している場合には,日本法によることになります(「反致」(ぱんち)といいます。)。

2. 本問の回答

(1)　本問では,あなたの配偶者が亡くなったので,被相続人は外国人であり,被相続人が死亡時に属していた国の法律により,相続人の範囲,相続財産の範囲,相続分が決まります。
　　したがって,あなたが被相続人である配偶者の本国地で暮らしていたならば,相続はその国の法律に準拠して行われ,その国にある相続財産については,その国の法律で処理されることになります。
(2)　あなたの配偶者の相続財産となる財産が日本にある場合の処理についてですが,相続準拠法である被相続人の本国法によりあなたに相続権が認められ,外国でなされた裁判(日本にある相続財産にあなたの相続分が認められた内容)が一定の要件の下に承認されることにより解決されますが,その具体的実現方法は,相続人の本国法の内容,相続財産の種類等により異なります。

Q2 国際結婚をしていた場合に相続が発生した場合②

日本人である私は国際結婚をして日本で生活をしていました。今回，配偶者が死亡したため日本と外国にある財産について，相続税が課されると思うのですが，どこの国の法令に準拠するのですか。

Answer

外国人の配偶者が亡くなった場合，その相続については被相続人の本国の法律によります。

解説

1. 相続準拠法の決定

Q1の回答のように，相続の準拠法は被相続人の本国法であり（法適用通則第36条），あなたが相続人となるか，相続財産の範囲はどうなるかは，配偶者である被相続人の本国法により決せられます。

なお，以下の回答は被相続人に遺言がなかった場合とします（遺言が存在すると，遺言の有効性，検認，遺言執行，遺留分の問題等が検討されなければなりません。）。

2. 日本における相続財産

日本における相続財産については，遺産分割について，日本の裁判所に裁判管轄が認められます（ただし，適用されるのは被相続人の本国法です。）。

3. 外国における相続財産

　反対に，相続財産が外国にある場合，わが国の家庭裁判所の審判（遺産分割は審判という形式で家庭裁判所が裁判します。）が当該外国で承認されるかという問題があり，わが国の裁判所に国際的裁判管轄が認められるか，議論があります。

Q3 外国人が遺言をする場合

日本で長年暮らしている外国人が，病気となり遺言をしようと思います。どのようにすればよいでしょうか。

Answer

遺言の方式としては，遺言者の本国法又は日本法の定める方式に従えば有効となりますが，遺言能力，遺言できる事項，意思表示の瑕疵等については本国法によるので，結論としては遺言時の本国法に準拠していることが必要です。

解　説

1．遺言の保護

(1)　遺言の方式については，「遺言の方式の準拠法に関する法律」があり，遺言をできるだけ有効にしようとされています。同法第2条により，方式が，

① 行為地法
② 遺言者が遺言の成立又は死亡の当時国籍を有していた国の法律
③ 遺言者が遺言の成立又は死亡の当時住所を有した地の法律
④ 遺言者が遺言の成立又は死亡の当時常居所を有した地の法律
⑤ 不動産に関する遺言について，その不動産の所在地法

の一に該当するときは，方式に関して有効となります。

(2)　本問では，長年日本に暮らしてきたということなので，同法第2条にいう住所・常居所は日本にあり，本国法又は日本法の定める方

式に従えば遺言は有効となります。

2. 遺言の実質的内容の準拠法

(1) 遺言の方式については，前記のとおりですが，その実質的内容の問題（遺言能力，意思表示の瑕疵等）については，法適用通則第36条の適用によるとされており（被相続人の本国法），それぞれの問題の準拠法によることとなります。

(2) したがって，日本に住所がある外国人は行為地法である日本法に従った方式の遺言をすることはできますが，その内容の実現については本国法に抵触しては実現されないことになります。

Q4 外国籍の者の相続放棄

外国籍である父親は長年日本で事業を営んできましたが，最近は事業もうまくいかず，多額の負債を残して亡くなりました。相続人は，同じく外国籍である母と，日本で生まれた私たち子供（外国籍）です。日本法で認められている相続放棄（民法第938条）や限定承認（民法第922条）のような手続きを，日本の裁判所ですることができるでしょうか。

Answer

日本の家庭裁判所で手続きすることが認められることがあります。

解説

1. 国際裁判管轄

(1) この問題は，わが国では相続放棄や限定承認の申述を家庭裁判所が受理することから，「国際裁判管轄」の問題として論じられています。これに関する条約や普遍的な条理はありませんが，結論からいえば，被相続人の最後の住所若しくは相続人の住所又は遺産若しくは相続債務が日本にあれば，国際裁判管轄が認められます。

(2) 次に，準拠法ですが，法適用通則第36条により被相続人の本国法になります。

相続人が限定承認及び相続放棄をなし得るかどうか，あるいは，いかなる場合に承認があったとみなされるかどうか等，相続準拠法

によります。

2. 事　例

(1) 本問では，被相続人の本国法で相続放棄や限定承認が認められていれば，日本の家庭裁判所に管轄が認められます。

(2) 韓国で死亡した韓国人の相続につき日本在住の韓国人である相続人がした限定承認の申述について，遺産の所在地であるわが国の家庭裁判所の管轄を認め，被相続人の本国法たる韓国法を適用して，それを受理した審判例があります（東京家審，昭和52.7.19）。

Q5 外国の資産の遺産分割

日本人である父は，事業に成功し，日本にも外国にも資産（銀行預金）を残して亡くなりました。相続人は，日本にいる日本人の子供です。父の遺産分割はどのように行うのでしょうか。

Answer

日本に国際裁判管轄が認められます。

解説

1. 国際裁判管轄

(1) 被相続人が日本人ですから，相続準拠法は法適用通則第36条により日本法になります。

(2) 日本が，①被相続人の本国，②被相続人の最後の住所地，又は③相続財産所在地であれば，相続事件について日本に国際裁判管轄が認められます。

2. 遺産分割手続

(1) 本問では，被相続人が日本人であり，相続人も日本人なので，日本の裁判所に管轄が認められ，日本の家庭裁判所に遺産分割の申立てをすることができます。

(2) 外国にある銀行の預金の払戻しですが，それが日本の銀行であれば，外国にある支店に対し，相続関係を証する戸籍謄本類，遺産分

割協議書等の提出をし，払戻しが受けられます。

　ところが，預金口座が英米法系の国の支店にある場合は，問題は複雑となります。その理由は，英米法系の国では，

　①　遺産承継について日本とは異なり，**清算主義**をとり，
　②　相続準拠法の決定についても，不動産と動産とを区別する，
　　相続分割主義

をとっているからです。そのため，その支店が裁判所による遺産管理手続を求めてくることがあり，日本の家庭裁判所の遺産分割調停・審判を承認してくれるかどうか予め確認しておく必要があります。承認してくれない場合には，銀行支店所在地国で遺産管理手続を申し立てるしかならなくなります。

コラム　国際結婚と婚姻届

外国人と結婚しますが，婚姻届はどのようにすればよいですか。

1. 国際結婚の実質的要件に関しては，各当事者の本国法により（法令第13条1項），婚姻の方式については，日本人が，日本国内で外国人と婚姻する場合は，婚姻挙行地である日本法によらなければなりません（法令第13条3項）。
2. 婚姻届ですが，日本人については（民法の定めた要件を満たしたうえ（男性なら満18歳以上，女性なら満16歳以上等）），戸籍謄本を添付し，外国人については，婚姻要件具備証明書（本人がその本国法に定められた結婚の要件を満たしていることを証明する書類）を添付します。
3. 婚姻要件具備証明書を発行する機関は，国によって違いますが，在日の大使館が多いようです。
4. 婚姻要件具備証明書が発行されているが，それを日本が婚姻要件具備証明書と認めていない場合（例えば，インドの「AFFIDAVIT」（宣誓供述書））は，とりあえずその国で婚姻要件具備証明書とされている書面を取り寄せ，婚姻届と一緒に提出します。しかし，その婚姻届は正式には受理されず，「受理伺い」となり，法務局が審査し（当事者が呼出しを受けて，質問を受けることもあります。），問題がなければ正式に受理されます。
5. 日本人と結婚した外国人の在留資格は，「日本人の配偶者等」となりますが，「短期滞在」で結婚する相手を来日させ，その後婚姻手続をして，在留資格を「日本人の配偶者等」に変更することは，要件が厳しいので，基本的には，相手を外国から呼び寄せる場合は，「日本人の配偶者等」の在留資格を得てから入国する方法が無難です。百年の恋を実らすためには，暫く会えないことも我慢しなければなりません。

第2章

申告の要否の判定

はじめに

　被相続人（贈与者）や相続人（受贈者）が，国内に居住する場合，又は海外に居住する場合のそれぞれについて，国内財産又は国外財産を，贈与又は相続した場合についての申告の要否をまとめました。あなたはこのマトリックスのどこに当てはまるでしょうか。そして，どのようにしたらよいかご参照ください。

[相続税，贈与税の納税義務の範囲]

		相続人・受贈者			
		国内に住所あり	国内に住所なし		
			日本国籍あり		日本国籍なし
			5年以内に国内に住所あり	5年を超えて国内に住所なし	
被相続人（国籍不問）贈与者	国内に住所あり	居住無制限納税義務者	居住無制限納税義務者	非居住無制限納税義務者	制限納税義務者
	国内に住所なし　5年以内に国内に住所あり	居住無制限納税義務者	居住無制限納税義務者	非居住無制限納税義務者	制限納税義務者
	国内に住所なし　5年を超えて国内に住所なし	居住無制限納税義務者	居住無制限納税義務者	制限納税義務者	制限納税義務者

■居住無制限納税義務者・非居住無制限納税義務者
　……国内，国外全ての財産について，日本の相続税，贈与税の課税対象となります。

■制限納税義務者
　……国内財産のみ日本の相続税，贈与税の課税対象となります。

第2章　申告の要否の判定

<贈与・相続マトリックス>

<贈 与 税>

所在＼住所		贈与者 日本 受贈者 日本	贈与者 日本 受贈者 海外	贈与者 海外 受贈者 日本
財産	国内	—	②	④
財産	海外	①	③	⑤

所在＼住所		贈与者・受贈者いずれか 5年以内に日本に住所あり		贈与者・受贈者いずれも 5年超日本に住所なし	
		贈与者 海外	受贈者 海外	贈与者 海外	受贈者 海外
財産	国内	⑥		⑧	
財産	海外	⑦		⑨	

<相 続 税>

所在＼住所		被相続人 日本 相続人 日本	被相続人 日本 相続人 海外	被相続人 海外 相続人 日本
財産	国内	—	⑪	⑬
財産	海外	⑩	⑫	⑭

所在＼住所		被相続人・相続人いずれか 5年以内に日本に住所あり		被相続人・相続人いずれも 5年超日本に住所なし	
		被相続人 海外	相続人 海外	被相続人 海外	相続人 海外
財産	国内	⑮		⑰	
財産	海外	⑯		⑱	

※国籍はすべて日本国籍とします。

Q1 マトリックス①
（贈与者日本，受贈者日本，国外財産を贈与）

母が所有していますハワイにあるコンドミニアムを私に贈与してくれると母がいってくれます。

母も私も生まれてから今日まで日本に住んでいます。もちろん国籍は日本です。

ハワイにある財産をもらった場合，日本の贈与税はどうなるのでしょうか？

また，ハワイでも贈与税が課税されてしまうのでしょうか？

Answer

日本では財産をもらった人が，贈与税の納税義務者になります。あなたは居住無制限納税義務者に該当するため，国内・国外すべての財産が贈与税の申告の対象となります。

また，アメリカでは財産を贈った人が米国贈与税の納税義務者となり，在米の有形資産が課税対象となります。したがって，ハワイのコンドミニアムは日本と米国の両国で贈与税の対象となりますが，米国で払った贈与税は日本の贈与税から控除することができます。

解説

(1) **日本での課税**

日本の贈与税は財産をもらった人に課税されます。

ご質問のような，日本国外にある財産に贈与税が課税されないケースは，

① 財産をもらう人が日本国籍がない場合
② 財産をあげる人及び財産をもらう人のどちらも5年を越えて国内に住所がない場合

のいずれかの場合に限ります。

質問者の方の場合はお母様もお子様も日本国籍があり，お二人とも5年を超えて国外に居住されていらっしゃらないので，ハワイの不動産であっても，日本国内で贈与税の申告が必要になります。

(2) ハワイでの課税

米国の贈与税は財産をあげた人に課税されます。米国において非居住外国人が贈与者の場合，贈与した財産が米国内に所在する有形な財産であれば贈与税が課税されます。有形財産とは，不動産，自動車，現金等をいいます。

非居住外国人は，基礎控除1万3,000ドル超について課税されます。ハワイのコンドミニアムが1万3,000ドルに納まるとは考えられませんので，ハワイでも贈与税の課税が起きる可能性があります。

(3) 外国税額控除

上記のように日本と米国での両国において贈与税が課税されると2重課税となる場合があります。この二重課税への対応として，日本の贈与税の制度において外国税額控除の制度があります。

(参考)　控除額は次のイ又はロのいずれか少ない金額を日本の贈与税から差し引くことができます。

| イ　外国で課された贈与税相当額 |
| ロ　その者の贈与税額 × 在外財産の価額 / その年分の贈与税の課税価格 |

Q2 マトリックス②
（贈与者日本，受贈者海外，国内財産を贈与）

私の息子（日本国籍）はアメリカに留学し，卒業後ニューヨークで働いています。アメリカで結婚しましたので家の購入資金を援助するため，日本の銀行から息子の米国の銀行に現金を送金しようと考えています。この援助資金は日本又はアメリカで贈与税の申告対象となりますか？

Answer

日本では財産をもらった人が贈与税の納税義務者となります。ご子息は，非居住無制限納税義務者に該当するため国内・国外全ての財産が贈与税の申告対象となります。

また，アメリカでは財産を贈った人が米国贈与税の納税義務者となり，在米の有形資産が課税対象となります。したがいまして，ご子息は日本で贈与税の申告が必要となりますが，あなたはアメリカで贈与税の申告は必要ありません。

解説

1. 日本での納税義務の判定

あなたは日本に住所があり，受贈者であるご子息は国籍が日本で住所が外国にあるため非居住無制限納税義務者に該当します。

2. 日本で課税される財産の範囲

非居住無制限納税義務者については，国内・国外全ての財産に対し，

贈与税の課税の対象となります。

3. アメリカでの納税義務の判定

　米国市民又は米国居住者の場合，国内・国外全ての財産が贈与税の課税の対象となります。

　しかし，納税義務者であるあなたは日本に住所があり，アメリカ国内においては非居住者となります。したがって，アメリカ国内にある財産だけが課税対象資産となります。日本の現金は在米資産ではないため納税義務は生じません。

Q3 マトリックス③（贈与者日本，受贈者海外，国外財産を贈与）

私の息子（日本国籍）はアメリカに留学し，卒業後，結婚しニューヨークで働いています。私がアメリカで家を購入し，その不動産を贈与しようと考えています。この不動産は日本又はアメリカで贈与税の申告対象となりますか？

Answer

日本では財産をもらった人が贈与税の納税義務者となります。ご子息は，非居住無制限納税義務者に該当するため国内・国外全ての財産が贈与税の申告対象となります。

また，アメリカでは財産を贈った人が米国贈与税の納税義務者となり，在米の有形資産が課税対象となります。したがいまして，ご子息は日本で贈与税の申告が必要となり，あなたはアメリカで贈与税の申告が必要となります。

この場合，日本とアメリカで二重課税となりますので外国税額控除を利用することになります。

解　説

1. 納税義務の判定

あなたは日本に住所があり，受贈者であるご子息は国籍が日本で住所が外国にあるため，非居住無制限納税義務者に該当します。

2. 課税される財産の範囲

　非居住無制限納税義務者については，国内・国外全ての財産に対し，贈与税の課税の対象となります。

3. アメリカでの納税義務の判定

　米国市民又は米国居住者の場合，国内・国外全ての財産に対し米国贈与税の課税の対象となります。しかし，納税義務者であるあなたは日本に住所があり，アメリカ国内においては非居住者となります。この場合，アメリカ国内にある財産だけが課税対象となります。

4. アメリカで課税される財産の範囲

　アメリカでは，非居住者が贈与者の場合の米国贈与税の課税において，贈与の時点において米国国内に所在する不動産及び動産が課税の対象となります。課税の例外として無形資産の移転は課税対象になりません。
　したがって，あなたがご子息に贈与した不動産は，在米有形資産の贈与であるため，米国贈与税の課税の対象となります。
　1　有形資産・・不動産・現金・宝石・貴金属・車・美術品等
　2　無形資産・・株式・債権等の有価証券・著作権等

5. 贈与税に係る外国税額控除

　日本では受贈者であるご子息が納税義務者となり，アメリカでは贈与者であるあなたが納税義務者となります。贈与により在米不動産ある財産を取得した場合に，その財産に係る米国贈与税が課税された場合には，その財産に係る日本の贈与税額を限度として，米国贈与税が控除されます。ご子息に課される贈与税額の計算上，あなたに課された贈与税額であっても，米国贈与税を控除することができます（相法21条の8）。

Q4 マトリックス④
（贈与者海外，受贈者日本，国内財産を贈与）

父は10年前からアメリカに住んでいます。私は日本に住んでいます。このたび，父からの贈与により日本の不動産を取得しました。この不動産は日本で贈与税の申告対象になりますか？

Answer

居住無制限納税義務者に該当するため国内・国外全ての財産が贈与税の申告対象となります。したがいまして，日本の不動産は日本の贈与税の申告対象となります。

解 説

1. 納税義務の判定

あなたは，贈与の時において日本に住所があるため，居住無制限納税義務者に該当します。

居住無制限納税義務者とは，贈与により財産を取得した個人でその財産を取得した時において日本国内に住所を有するものをいいます。

2. 課税される財産の範囲

居住無制限納税義務者については，国内・国外全ての財産に対し，贈与税がかかります。したがいまして，日本の不動産については，日本での贈与税の申告対象となります。

3. アメリカでの課税

　あなたの父がアメリカの居住者である場合には，全世界にある財産がアメリカの贈与税の対象となります。

　したがって，あなたの父が日本に住むあなたへ日本の財産を贈与したときは，その財産が＄13,000以上のときはアメリカの贈与税の対象となります。

　また，二重課税は外国税納控除により調整します。

Q5 マトリックス⑤
（贈与者海外，受贈者日本，国外財産を贈与）

父は10年前からアメリカに住んでいます。このたび父よりアメリカの不動産の贈与を受けました。この不動産は日本で贈与税の申告対象になりますか？

Answer

父は5年を超えて国内に住所はありませんが，あなたは国内に住所があるので，国外財産も贈与税の申告対象となります。

したがって，アメリカの不動産は日本の贈与税の申告対象となります。

解説

1．納税義務の判定

父は5年を超えて日本に住所がないため，非居住無制限納税義務者であり，あなたは日本に住んでいますので居住無制限納税義務者に該当します。

2．課税される財産の範囲

居住無制限納税義務者については，日本にある財産だけでなく海外にある財産の贈与を受けた場合にも贈与税が課されます。したがいまして，アメリカの不動産については日本での贈与税の申告対象となります。

3. アメリカでの課税

　あなたの父がアメリカの居住者である場合には，全世界にある財産がアメリカの贈与税の対象となります。

　したがって，あなたの父が日本に住むあなたへアメリカの不動産を贈与したときは，その財産が＄13,000以上のときはアメリカの贈与税の対象となります。

　また，二重課税は外国税納控除により調整されます。

Q6 マトリックス⑥
（贈与者・受贈者海外，5年以内日本に住所，国内財産を贈与）

私は10年前からアメリカに住んでいますが，日本国籍からは離脱しておりません。今年の初め頃に，母も日本からアメリカに移住しました。その際，母から軽井沢の別荘の贈与を受けたのですが，この贈与について，日本での贈与税の申告対象になりますか。

Answer

非居住無制限納税義務者に該当するため，国内・国外全ての財産について贈与税の申告対象となります。したがって，軽井沢の別荘は日本の贈与税の申告対象となります。

解説

1. 納税義務の判定

贈与を受けたあなたは，5年を超えて日本に住所がありませんが，日本国籍を有しており，また，贈与者である母が贈与をした日の5年以内に日本に住所があったため，あなたは非居住無制限納税義務者に該当します。

なお，あなたが5年以内に日本に住所があり日本国籍を有している場合についても，あなたは非居住無制限納税義務者に該当します。

2. 課税される財産の範囲

非居住無制限納税義務者については，国内・国外全ての財産に贈与税が課されます。

Q7 マトリックス⑦
（贈与者・受贈者海外，5年以内日本に住所，国外財産を贈与）

父も私も4年前に日本からアメリカに転居し，現在はアメリカに住んでいます。このたび父から米国債の贈与を受けることになりますが，日本の贈与税はかからないと考えてよろしいですか？ちなみに私は日本国籍です。

Answer

非居住無制限納税義務者に該当するため国内・国外全ての財産に贈与税がかかります。したがって，米国債も日本の贈与税の申告対象となります。

解 説

1．納税義務の判定

父もあなたも贈与により財産を取得した日から5年以内に日本に住所を有しているため，あなたは非居住無制限納税義務者に該当します。したがって，国内・国外全ての財産に贈与税がかかり，米国債も日本の贈与税の申告対象となります。

2．課税される財産の範囲

非居住無制限納税義務者については，国内・国外全ての財産に日本の贈与税がかかります。

Q8 マトリックス⑧
（贈与者・受贈者海外，5年超日本に住所なし，国内財産を贈与）

父も私も10年前からイタリアに住んでいます。このたび父から日本の不動産の贈与を受けました。この不動産は日本で贈与税の申告対象になりますか？

Answer

制限納税義務者に該当するため国内財産のみ贈与税の申告対象となります。したがいまして，日本の不動産は日本の贈与税の申告対象となります。

解説

1．納税義務の判定

父もあなたも5年を超えて日本に住所がないため，国籍がどこであるかに関係なく制限納税義務者に該当します。

住所とは各人の生活の本拠をいいますが，本拠であるかの判定は客観的事実に基づくとされています。また，国籍が日本で住所が海外でも，次の場合には，住所は日本にあるものとして取り扱われます。

(1) 学術・技芸の習得のため留学している者で，日本にいる者から仕送り等を受け取って生活している場合
(2) 海外において勤務する期間がおおむね1年以内であると見込まれる場合
(3) 国外出張，国外興業等により一時的に日本を離れている場合

2. 課税される財産の範囲

　制限納税義務者については，日本にある財産のみに贈与税が課されます。したがいまして，今回のような日本の不動産については日本での贈与税の申告対象となります。

Q9 マトリックス⑨
（贈与者・受贈者海外，5年超日本に住所なし，国外財産を贈与）

父も私も10年前からハワイに住んでいます。このたび父から贈与によりハワイの不動産を取得しました。この不動産は日本で贈与税の申告対象になりますか？

Answer

制限納税義務者に該当するため国内財産のみ贈与税の申告対象となります。したがいまして，ハワイの不動産は日本の贈与税の申告対象とはなりません。

解　説

1．納税義務の判定

お父様もあなたも5年を超えて日本に住所がないため，国籍がどこであるかに関係なく制限納税義務者に該当します。

住所とは各人の生活の本拠をいいますが，本拠であるかの判定は客観的事実に基づくとされています。また，国籍が日本で住所が海外でも，次の場合には，住所は日本にあるものとして取り扱われます。

(1) 学術・技芸の習得のため留学している者で，日本にいる者から仕送り等を受け取って生活している場合
(2) 海外において勤務する期間がおおむね1年以内であると見込まれる場合
(3) 国外出張，国外興業等により一時的に日本を離れている場合

2. 課税される財産の範囲

　制限納税義務者については，日本にある財産のみに贈与税が課され，海外にある財産については日本の贈与税は課されません。したがいまして，ハワイの不動産については日本での贈与税の申告対象とはなりません。

Q10 マトリックス⑩
（被相続人日本，相続人日本，海外財産を相続）

日本に住んでいた父が今年の3月に亡くなりました。相続人の私も日本に住んでいますが，父の仕事の関係で財産は全てハワイにあります。その内訳は賃貸している土地・建物と預金です。海外財産にも日本の相続税はかかるのでしょうか？

Answer

財産が海外にあっても，亡くなった人が日本に住所がある場合には，日本の相続税がかかります。

解説

1. 日本に住所がある人は全世界課税

日本に住所がある人が亡くなった場合，その人の財産が国外にあったとしても，全世界課税となり，日本の相続税が課税されます。

日本に住所がある人を，居住無制限納税義務者といいますが，居住無制限納税義務者に該当しますと，国内・国外の全ての財産に日本の相続税がかかります。

住所とは各人の生活の本拠をいいますが，本拠であるかの判定は客観的事実に基づくとされています。また，国籍が日本で住所が海外でも，次の場合には，住所は日本にあるものとして取り扱われます。

(1) 学術・技芸の習得のため留学している者で，日本にいる者から仕送り等を受け取って生活している場合
(2) 海外において勤務する期間がおおむね1年以内であると見込まれ

る場合
(3) 国外出張，国外興行等により一時的に日本を離れている場合

2. 課税される財産の評価は

　ハワイにある賃貸している不動産の評価は，土地についても建物についてもその相続開始時点の時価で評価されます。

　日本の場合は，土地は路線価で，建物は固定資産税評価ですが，国外の場合には全て時価となります。また，預金はその時の残高が相続財産となります。

Q11 マトリックス⑪
（被相続人日本，相続人海外，国内財産を相続）

父は日本に住んでいますが，私は数年前からハワイに住んでいます。このたび父が亡くなり日本の不動産を相続しました。この不動産は日本の相続税の申告対象になりますか？

また，アメリカの遺産税の申告対象になるかどうかも教えてください。

Answer

日本においては，非居住無制限納税義務者に該当するため国内・国外全ての財産が相続税の申告対象となります。したがいまして，あなたがハワイに住んでいるとしても日本の不動産は日本の相続税の申告対象となります。

また，アメリカにおいては，被相続人である父が非居住者であるため，日本の不動産はアメリカの遺産税の申告対象となりません。

解説

1. 日本の納税義務の判定

父が国内に住所があるため，あなたが外国国籍である場合（日本国籍がない場合）を除いて，あなたが，5年を超えて日本に住所があるか無いかは関係なく，非居住無制限納税義務者となります。

2. 日本の相続税の課税される財産の範囲

　非居住無制限納税義務者については，国内・国外全ての財産が日本の相続税の対象となります。したがいまして，あなたがハワイに住んでいるとしても，居住期間に関係なく，日本の不動産は，日本の相続税の申告対象となります。

3. アメリカの遺産税

　被相続人がアメリカにおいて非居住者（非居住外国人）である場合には，被相続人の遺産はアメリカ国内にある財産に限られるため，日本の不動産はアメリカの遺産税の対象となりません。

Q12 マトリックス⑫
（被相続人日本，相続人海外，海外財産を相続）

今年の8月，日本に住んでいた父に相続が発生しました。私は仕事の関係でアメリカに住んでおりましたが，国籍は日本のままです。

父の保有する財産の中に，ハワイのコンドミニアムがありますが，相続税申告の対象となりますでしょうか。

Answer

被相続人の住所が日本にあり，かつ，相続人の住所がアメリカで日本国籍を有している場合には，非居住無制限納税義務者となります。

非居住無制限納税義務者に該当する場合，日本の相続税の申告では，国内・国外すべての財産について，日本の相続税の申告が必要となります。したがいまして，ハワイのコンドミニアムについては，日本の相続税の申告に含める必要があります。

解説

1. 日本での納税義務の判定

相続人であるあなたはアメリカに住所（国籍は日本）があり，被相続人である父は日本に住所がある場合，非居住無制限納税義務者となります。

2. 日本で課税される財産の範囲

　非居住無制限納税義務者については，国内・国外全ての財産に対し，相続税の課税の対象となります。したがって，ハワイのコンドミニアムは日本の相続税申告の対象となります。

3. アメリカでの納税義務の判定

　被相続人が，米国市民又は米国居住者の場合，国内・国外全ての財産がアメリカの遺産税の課税対象となります。しかし，納税義務者であるあなたの父は日本に住所があり，アメリカ国内においては非居住者となります。

　したがって，アメリカ国内にある財産だけが課税対象資産となります。ハワイのコンドミニアムは，アメリカ国内の財産となるため，アメリカにおける遺産税の課税対象となります。

　この場合，アメリカの非居住者に対する基礎控除は6万ドルとなるため，その金額を超える場合には，アメリカにおいても申告の必要があります。アメリカにおいて遺産税を納税した場合，日本においては，外国税額控除の対象となります。

Q13 マトリックス⑬
（被相続人海外，相続人日本，国内財産を相続）

ハワイに住んでいる父（アメリカの居住者に該当）に相続が起きました。長男である私は日本に住んでいます。もちろん国籍は日本です。私が住んでいる不動産は父が所有しております。これからもこの不動産に住み続けたいと考えているため，この不動産は私が相続する予定です。

この場合，日本の不動産には相続税がかかるのでしょうか？

Answer

財産を相続されたときに日本国内に住んでいるので，日本の不動産に日本の相続税がかかります。

また，ハワイに住んでいる父親については，アメリカの遺産税がかかります。父親はアメリカの居住者に該当するため，日本の不動産に対してもアメリカの遺産税がかかります。

解説

1．日本での課税

日本の相続税は，財産を相続した人に課税されます。

財産を相続した人が，財産を相続されたときに日本国内に住んでいる場合には，日本の財産及び海外の財産の全てに日本の相続税が課税されます。

質問者は，父が亡くなったときに日本国内に住んでいますので，日本の不動産には日本の相続税が課税されます。

2. アメリカでの課税

　日本と異なり，アメリカでは，遺産税は亡くなった被相続人に課税されます。

　この場合，亡くなった被相続人がアメリカの居住者であるか，アメリカの非居住者であるかで遺産税の対象となる財産が異なります。

　被相続人がアメリカの居住者である場合には，アメリカ及び日本の全ての財産が遺産税の対象となりますが，父親がアメリカの非居住者であれば，アメリカの財産のみ遺産税の対象となり，日本の財産は遺産税の対象となりません。

　アメリカの遺産税の非課税枠は，被相続人がアメリカの居住者である場合には，5,000,000ドル（2011年）で，被相続人がアメリカの非居住者である場合には，60,000ドル（2011年）となります。

3. 外国税額控除

　上記のように日本とアメリカでの両国で相続税が課税される場合には二重課税の問題が生じます。この二重課税の対応として，日本の相続税の制度において外国税額控除の制度があります。外国税額控除の限度額は，次のように計算します。

$$\text{その人の納付する相続税額}\,(※) \times \frac{\text{外国税が課された国外財産の価額}}{\text{相続又は遺贈により取得した財産の価額（債務控除後）}}$$

（※）　2割加算及び各種税額控除後

Q14 マトリックス⑭（被相続人海外，相続人日本，海外財産を相続）

父は10年前からハワイに住んでいます。このたび父が亡くなり日本に住む私がハワイの不動産を相続しました。この不動産は日本で相続税の申告対象になりますか？

Answer

あなたは国内に住所があるので，居住無制限納税義務者に該当し，国外財産も相続税の申告対象となります。

したがって，ハワイの不動産は日本の相続税の申告対象となります。

解 説

1．納税義務の判定

父は5年を超えて日本に住所はありませんが，あなたは日本に住んでいますので居住無制限納税義務者に該当します。

2．課税される財産の範囲

居住無制限納税義務者については，日本にある財産だけでなく海外にある財産を相続した場合にも相続税が課されます。したがって，ハワイの不動産については，日本での相続税の申告対象となります。

Q15 マトリックス⑮
（被相続人・相続人海外，5年以内に日本に住所，国内財産を相続）

父は10年前からアメリカに住んでいます。私は3年前からアメリカに住んでいます。このたび父が亡くなり日本の不動産を相続しました。この不動産は日本で相続税の申告対象になりますか？

Answer

非居住無制限納税義務者に該当するため国内・国外全ての財産が相続税の申告対象となります。したがいまして，日本の不動産は日本の相続税の申告対象となります。

解 説

1．納税義務の判定

父は5年を超えて日本に住所がありませんが，あなたは5年以内に日本に住所があるため，非居住無制限納税義務者に該当します。

非居住無制限納税義務者とは，国籍が日本で，住所が外国である相続人等（その相続人が相続発生前5年以内に日本に住所があった人である場合又は被相続人が死亡前5年以内に日本に住所があった場合に限ります。）をいいます。

2．課税される財産の範囲

非居住無制限納税義務者については，国内・国外全ての財産に対し，相続税がかかります。

Q16 マトリックス⑯
(被相続人・相続人海外, 5年以内に日本に住所, 国外財産を相続)

　私の日本人の父は仕事の都合により10年前からハワイに不動産を購入し, そこに住んでいます。私は日本の高校を卒業した3年前より父と一緒にハワイで暮らし始めました。このたび父が亡くなり, ハワイの不動産を私が相続しました。
　このハワイの不動産は, 日本で相続税の申告対象になりますか?

Answer

　父は5年を超えて国内に住所はありませんが, あなたは日本国籍を有しており, 父の死亡前5年以内に日本に住所があったため, 非居住無制限納税義務者に該当します。したがいまして, ハワイの不動産も日本の相続税の申告対象となります。

解 説

1. 納税義務の判定

　父は5年を超えて海外に居住していますが, あなたは日本に住所がない期間が5年超でないため, 非居住無制限納税義務者に該当します。

2. 課税される財産の範囲

　非居住無制限納税義務者については, 日本にある財産だけでなく, 海外にある財産についても日本の相続税が課されます。したがって, ハワイの不動産についても日本の相続税が課されることになります。

Q17 マトリックス⑰
（被相続人・相続人海外，5年以内に日本に住所なし，国内財産を相続）

今年の12月，アメリカに住んでいた父に相続が発生しました。私もアメリカに住んでおりましたが，国籍は日本のままです。私も父もアメリカには10年前から住んでおりました。

父の保有する財産の中に，日本国内にある不動産があります。相続税申告の対象となりますでしょうか。

Answer

被相続人の住所が5年を超えて日本になく，かつ相続人も日本国籍を保有していたとしても，5年を超えて日本に住所がない場合（つまり，被相続人も相続人も5年を超えて日本に住所がない場合）には，制限納税義務者となります。制限納税義務者に該当する場合，日本の相続税の申告においては国内財産のみが日本の相続税の申告の対象となります。したがいまして，あなたの父の保有していた日本の不動産については，日本の相続税の申告に含める必要があります。

なお，父の保有していたアメリカの財産については，日本の相続税の申告に含める必要はありません。

解　説

1. 日本での納税義務の判定

相続人であるあなたはアメリカに5年を超えて住所（国籍は日本）があり，被相続人である父もアメリカに5年を超えて住所がある場合，制

限納税義務者となります。

2. 日本で課税される財産の範囲

制限納税義務者については、国内の財産に対してのみ、相続税の課税の対象となります。なお、アメリカの財産については、日本の相続税の対象とはなりません。

今回のご質問では、あなたのお父様の日本にある不動産については日本の相続税の対象となります。

3. アメリカでの納税義務の判定

被相続人が、米国市民又は米国居住者の場合、国内・国外全ての財産がアメリカの遺産税の課税対象となります。納税義務者であるあなたの父は、アメリカ国内に住んでおりましたのでアメリカでの居住者となります。

この場合、アメリカの国内・国外全ての財産が課税対象資産となります。したがって、日本にある不動産についても、アメリカにおける遺産税の課税対象となります。この場合、アメリカの居住者に対する基礎控除は 5,000,000 ドルとなるため、その金額を超える場合には、アメリカにおいて申告の必要があります。

アメリカにおいて遺産税を納税した場合、日本においては、外国税額控除の対象となります。

Q18 マトリックス⑱
(被相続人・相続人海外, 5年以内に日本に住所なし, 国外財産を相続)

父も私も10年前からアメリカに住んでいます。このたび父が亡くなりアメリカの不動産を相続しました。この不動産は日本で相続税の申告対象になりますか？

Answer

制限納税義務者に該当するため国内財産のみ相続税の申告対象となります。したがいまして，アメリカの不動産は日本の相続税の申告対象とはなりません。

解 説

1. 納税義務の判定

父もあなたも5年を超えて日本に住所がないため，国籍がどこであるかに関係なく制限納税義務者に該当します。

2. 課税される財産の範囲

制限納税義務者については，日本にある財産のみに相続税が課され，海外にある財産については日本の相続税は課されません。したがいまして，アメリカの不動産については，日本での相続税の申告対象とはなりません。

第3章

資産の所在地

はじめに

資産の所在地は,それぞれの資産ごとに所在地が定められています。

図表　財産ごとの所在地の判定

財産の種類	所在地
動産・不動産	その動産又は不動産の所在
預貯金	預入れをした支店・営業所の所在
投資信託・貸付信託	引受をした営業所の所在
生命保険契約	契約に係る保険会社の本店の所在
社債・株式	発行法人の本店の所在
国債・地方債	発行した国・地方公共団体の所在
退職手当金	雇用主の住所又は本店の所在
貸付金	債務者の住所又は本店の所在
売掛金	被相続人の営業所又は事業所の所在
上記以外の財産	被相続人の住所

第3章 資産の所在地

Q1 外貨預金の相続

アメリカの銀行の日本支店の外貨預金を相続しました。
この預金の所在地はどこになりますか？

Answer

外貨預金は，預入れ金融機関の営業所の所在地で判定します。したがって，この預金の所在地は日本となります。

解 説

1. 外貨預金の所在地

金融機関に対する預金貯金等は，その預金貯金等の受入れをした営業所又は事業所の所在地で判定することになります。したがって，外国銀行の日本国内の支店に預け入れた外貨預金は，国内財産に該当します。また，外国にある邦銀の支店に預けられた預金は，国外財産となります。

2. 課税される財産の範囲

アメリカの銀行の日本支店の外貨預金は，日本の相続税の対象となります。

Q2 イギリスの日本支店の普通預金の所在地

日本の銀行のイギリスの支店の普通預金を相続しました。この預金の所在地はどこになりますか？

Answer

この預金の所在地はイギリスになります。

解　説

財産の所在地については，相続税法第10条（財産の所在）に規定されています。

預金は同条第1項第4号に

「金融機関に対する預金，貯金，積金又は寄託金で政令で定めるものについては，その預金，貯金，積金又は寄託金の受入れをした営業所又は事業所の所在」

と規定されています。

さらに，相続税法施行令第1条の13に

「法第10条第1項第4号〔財産の所在〕に規定する金融機関に対する預金，貯金，積金又は寄託金は，次に掲げるものとする。

一　銀行，無尽会社又は株式会社商工組合中央金庫に対する預金，貯金又は積金～以下省略」

と規定されています。

よって，日本の銀行であっても，イギリス支店で開設した預金の所在地はイギリスになります。

Q3 アメリカの銀行のハワイ支店の普通預金の所在地

アメリカの銀行のハワイの支店にある普通預金を相続しました。
この預金の所在地はどこになりますか？

Answer

外貨預金は，預入れ金融機関の支店の所在地で判定します。したがって，ハワイの支店にある普通預金の所在地は，アメリカとなります。

解　説

外貨預金の所在地の判定

預金は，預入れをした金融機関の支店等の場所が財産の所在地となります。
① 邦銀の国内支店　→　国内財産
② 邦銀の海外支店　→　国外財産
③ 外銀の国内支店　→　国内財産
④ 外銀の海外支店　→　国外財産

したがって，上記のように国内銀行であっても，海外の支店にある預金であれば国外財産ということになります。
逆に，外国銀行であっても，国内の支店にある預金であれば，国内財産ということになります。

Q4 イタリアの会社の株式を相続した場合の株式の所在地

日本の証券会社で購入したイタリアの会社の株式を相続しました。
この株式の所在地はどこになりますか？

Answer

株式を発行した法人の本店所在地がイタリアであるため，この株式の所在地はイタリアになります。

解説

財産の所在地の判定

資産が社債，株式又は法人に対する出資である場合の資産の所在地は，その社債，株式の発行法人，その出資されている法人の本店又は主たる事務所の所在場所になります。つまり，外国法人の社債や株式については，たとえそれが国内の証券会社で購入し，預け入れられているものであっても外国に所在する財産になります。

また，内国法人の社債や株式については，その証券がどこにあるかにかかわらず，日本国内に所在することになります。

この場合の株式及び出資には，新株引受権や配当期待権といった株式に関する権利及び出資に関する権利を含みます。

Q5 日本の証券会社で購入したオーストラリア国債の所在地

日本の証券会社で購入したオーストラリア国債を相続しました。
この国債の所在地はどこになりますか？

Answer

国債・地方債は発行先の国が所在地となります。
したがって、オーストラリア国債はオーストラリアが所在地となります。

解 説

財産の所在地の判定

日本国政府が発行する国債又は日本の地方公共団体が発行する地方債は、日本が所在地となりますが、外国又は外国の地方公共団体の発行する国債や地方債は、その発行する外国が所在地となります。

したがいまして、たとえ日本の証券会社で購入したとしても、オーストラリア国債はオーストラリアが所在地となります。

Q6 アメリカの保険会社の死亡保険金の所在地

父はアメリカの保険会社の生命保険契約を日本の銀行で契約していました。このたび父が亡くなり，子供である私が死亡保険金を取得しました。
この保険金の所在地はどこになりますか？

Answer

生命保険金の所在地の判定については，その契約に係る保険会社の本店の所在地によります。したがって，この保険金の所在地はアメリカということになります。

解　説

1．生命保険契約等の所在地の判定

生命保険契約又は損害保険契約の保険金の所在地は，契約に係る保険会社の本店又は主たる事務所の所在場所によって判定します。

したがって，アメリカの保険会社の生命保険契約を日本の銀行で契約した場合であっても，契約に係る保険会社の本店又は主たる事務所の所在場所がアメリカであれば，この取得した保険金の所在地はアメリカということになります。

2．申告対象となる納税義務者

この場合，日本で相続税の申告対象となる納税義務者は，居住無制限納税義務者及び非居住無制限納税義務者となります。

Q7 中国における長期貸付金の所在地

中国の子会社に貸した長期貸付金を相続しました。この長期貸付金の所在地はどこになりますか？

Answer
あなたが相続した長期貸付金の所在地は，中国となります。

解説

財産の所在

貸付金債権については，債務者の住所又は本店若しくは主たる事務所の場所が財産の所在地となります。したがって，あなたが相続した中国の子会社に対する貸付金については，その子会社の本店がある中国が所在地となり，国外財産に該当します。

Q8 アメリカの保険会社の保険契約に関する権利の所在地

アメリカの保険会社の生命保険契約を日本の銀行で契約し，生命保険契約に関する権利を取得しました。
この権利の所在地はどこになりますか？

Answer

生命保険契約については，その保険の契約に係る保険会社の本店又は主たる事務所の所在地で判定するため，この権利の所在地はアメリカとなります。

解　説

1. 所在地の判定の変遷

平成15年度税制改正前は，生命保険契約に係る保険金又は損害保険契約に係る保険金の所在について，「生命保険契約又は損害保険契約の保険金については，これらの契約を締結した保険者の営業所又は事業所の所在」と規定されていました。

税制改正により「保険金については，その保険の契約に係る保険会社の本店又は主たる事務所の所在」と規定され，その所在が明確にされたのですが，保険事故が発生する前の生命保険契約及び損害保険契約（以下「生命保険契約等」といいます。）の所在については，明文化されていませんでした。

そこで通達により，生命保険契約等の所在については，生命保険契約等に係る保険金等の所在の規定に準じて，その生命保険契約等に係る保

険会社の本店又は主たる事務所の所在地にあるものとして取り扱うこととされました。

2. 外国保険業者

保険業法第186条により，日本に支店等を設けない外国保険業者は，日本に住所若しくは居所を有する人に係る保険契約を締結することができません。

第4章

国外財産の評価方法

Q1 アメリカの土地の評価方法

アメリカにある土地を相続しました。アメリカの土地の場合,日本の土地と異なり「路線価」がありません。
どのように評価しますか?

Answer

アメリカの土地についても日本の相続税の対象になりますが,その評価額は時価になります。したがって,時価を説明する書類を申告書に添付します。

解説

1. 海外の土地の評価額

国外財産も原則は,国内財産と同様に財産評価基本通達に定める方法により評価します。しかし,おっしゃるようにアメリカ等海外の土地については路線価がないため,同通達による評価はできません。

そこで,相続税法第22条の評価の原則に戻って当該財産の相続時の時価により評価することになります。

時価とは,課税時期において,財産の現況に応じ,不特定多数の当事者間で自由な取引が行われる場合に通常成立すると認められる価額をいいます。

なお,家屋について日本では,国定資産税評価額により評価しますが,アメリカでは,土地と同様に時価により評価することとなります。

2. 時価評価の方法

　時価を算出する方法は，売買実例による価額，精通者による意見価格等を斟酌して評価します。具体的には，現地の専門家による不動産鑑定，近隣不動産の売買実例価額や精通者意見価格等から勘案して価額を算定します。

　また，海外不動産については，評価するうえで参考となる資料の入手が難しい場合が考えられます。そのような場合には，課税上弊害のない限り，その財産の取得価額及び課税時期後の譲渡価額を基として，価格動向等を織り込んで評価額を算出することも可能です。

Q2 アメリカでの小規模宅地等の特例の適用

アメリカに所在する土地について小規模宅地等の特例の適用を受けることができますか？

Answer

小規模宅地等の特例の適用につきましては，その宅地等の所在地について特に規定されていないため，外国に所在する宅地等であっても，小規模宅地等の特例の適用要件を満たしている場合には，特例の適用を受けることは可能と考えられます。

解 説

1. 小規模宅地等の特例

居住用や事業用の土地を相続した場合には，一定の面積まで相続開始時の時価から，要件に応じて80％又は50％の金額を控除することができます。

2. 対象の宅地等と適用要件

(1) 特定居住用宅地等

被相続人等の自宅の土地で，取得者が次のいずれかの要件を満たす場合には，240m² まで80％の減額となります。

① 配 偶 者
② 同居親族が申告期限までその宅地を保有し，かつ，居住している。
③ 配偶者及び同居親族がなく，かつ相続前3年内に自己（配偶者を

含みます。）所有の自宅に居住したことがない者が，申告期限までその宅地を保有している。
④　被相続人と生計を一にしていた者が，申告期限までにその宅地を保有し，かつ，相続開始前から申告期限まで居住している。

(2) 特定事業用宅地等
　被相続人の事業用（不動産貸付業を除きます。）の宅地で，取得者が次のいずれかの要件を満たす場合には，400m² まで80％の減額となります。
　①　その事業を引き継ぎ，申告期限までその宅地を有し，事業を営んでいる。
　②　同一生計の者が申告期限までその宅地を有し，自分の事業の用に供している。

(3) 特定同族会社事業用宅地等
　被相続人等が50％超の株を所有する同族会社の事業用の土地（貸付用を除きます。）のうち，被相続人が貸し付けているもので一定のものについては400m² まで80％の減額があります。

(4) 貸付用の宅地
　貸付用の土地は，200m² まで50％の減額となります。
　ただし，一定の建物又は構築物の敷地の用に供されていない更地や青空駐車場などは適用除外です。

Q3 アメリカの賃貸物件の評価方法

アメリカにある賃貸物件（借地権・借家権割合）はどのように評価しますか？

Answer

海外にある土地・建物については，いわゆる時価で評価するので，賃貸物件であることが織り込まれた売買実例価額や不動産鑑定士などの精通者意見価格等を斟酌して評価します。

解説

海外の賃貸物件の評価方法

日本の財産評価基本通達では，土地や建物などの賃貸物件は借地借家法に基づき，その物件の借地権や借家権を考慮して評価するものとしています。

しかし，アメリカには借地借家法に相当するような法律はありません。

したがって，既出の土地・建物の評価同様，財産評価基本通達に定める方法に準じた方法又は売買実例価額，精通者意見価格等を斟酌して評価します。賃貸物件（借地権・借家権割合）の時価は，その売買実例価額や精通者意見価格等に織り込まれてくるものと考えられます。

＜図表＞賃貸物件の計算方法

		国内不動産	国外不動産
賃貸物件	建物	貸家 自用地家屋価額×(1－借家権割合)	時価 (売買実例価額・精通者意見価格等)
	土地	借地権 自用地価額×借地権割合	
		貸宅地（底地） 自用地価額×(1－借地権割合)	
		貸家建付地 自用地価額×(1－借地権割合×借家権割合)	

Q4 アメリカの建物の評価方法

アメリカにある建物を相続しました。どのように評価しますか？

Answer
海外にある建物の評価については、売買実例価額や不動産鑑定士等の精通者意見価格等を斟酌して評価します。

解 説

1. 海外の建物の評価額

　日本の財産評価基本通達では、建物について、固定資産評価額を基に評価することになっていますが、海外の建物については、同通達に定める方法に準じた方法又は売買実例価額、精通者意見価格等を斟酌して評価します。

　実務的には、現地の評価の専門家による評価額で、恣意的な評価引下げが行われていない価額であれば差し支えないと考えられます。

2. アメリカにおける不動産の評価方法

　例えば、アメリカにおける不動産の評価方法として以下の方法があります。

(1) コスト・アプローチ

　対象不動産と同一のものを建設すると仮定した場合のコスト等から評

価する方法

(2) **インカム・アプローチ**
　ネットキャッシュフロー等を基準として評価する方法

(3) **マーケット・アプローチ**
　第三者取引データ等に基づいて評価する方法

Q5 アメリカの未上場株式の評価方法

アメリカの会社（未上場）の株式を相続しました。アメリカの会社の株式の評価でも類似業種比準価額を使えますか？

Answer

国税庁が公表している類似業種比準要素は，海外株式には適当でないため，類似業種比準価額を使うことはできません。

解　説

1. 財産評価基本通達に基づく評価

　国内株式については，財産評価基本通達により類似業種比準価額，純資産価額，又は折衷方式で評価しますが，海外株式については，類似業種比準要素が適当でないため，類似業種比準価額を使うことはできません。

　原則的評価方式では，純資産価額を限度としているため，純資産価額のみで評価する分には差し支えないと思われます。

　純資産価額のみで評価をする場合，原則として，「1株当たりの純資産価額」を計算した後，「TTB」（対顧客電信買相場）により邦貨換算します。ただし，資産・負債が2カ国以上所在しているなどの場合は，資産・負債ごとに，資産については「TTB」により，負債については，「TTS」（対顧客電信売相場）によりそれぞれ邦貨換算したうえで「1株当たりの純資産価額」を計算することもできます。

　また，配当還元方式による場合には，財産評価基本通達に基づいて評

価します。

2. 財産評価基本通達で評価できない場合

　上記のように財産評価基本通達では評価できない資産については，相続税の原則（相法22条）に戻って，時価で評価することになります。

　時価は，売買実例価額，精通者意見価格等を斟酌して評価することとなります。

Q6 アメリカで登録した自動車の評価

アメリカで登録されている自動車（日本でも購入可能）をアメリカで使用しているのですが，現地の価額と日本での価額に差があります。
この場合は，どちらの価額を参考にすればよいのですか？

Answer
アメリカの価額を参考にします。

解　説

1. 自動車の評価方法

自動車は，原則，調達価額（同じものを購入した場合の価額。買値）により評価します。したがって，中古車市場等において下記の条件と類似する自動車の価額を参考とします。
ただし，調達価額が不明な場合には小売価額によることもできます。
(1)　車種，色，
(2)　年式（使用年数）
(3)　走行距離

2. 財産の所在地により価額が異なる場合

自動車については，日本と外国で同じ車種が販売されているケースもあり，どの地域における価額を参考とするべきかが問題となります。
この場合には，「相続開始時点において，その財産を購入したと仮定

した場合の価額で評価する」という法の趣旨から考えますと，その自動車が使用されていた現地における価額を参考とすることが合理的であると考えられます。

Q7 アメリカの上場株式の評価方法

アメリカの会社の株式で、ニューヨークとロンドンに上場されていました。日本の相続税法に規定される上場株式に類似するものと考えて、同じ評価方法を使用すればよいのですか？

Answer

財産評価基本通達に定める「上場株式」の評価方法に準じて評価することになります。

解説

1. 外国の証券取引所に上場されている株式の評価

> 外国の証券取引所に上場されている株式の評価額 ＝１株当たりの価格×株数×為替相場

(1) １株当たりの価格

外国の証券取引所に上場されている株式は、国内における上場株式と同じように、相続開始時の取引価格が明らかになっていますので、評価通達に規定されている「上場株式」の評価方法に準じて、以下の①から④のうち、最も低い価格により評価します。

① 相続開始日の最終価格
② 相続開始日の属する月の月平均額
③ 相続開始日の属する月の前月の月平均額
④ 相続開始日の属する月の前々月の月平均額

(2) 邦貨換算

邦貨換算につきましては、原則として、金融機関が公表する課税時期における最終の為替相場（対顧客電信買相場（TTB）又はこれに準ずる相場）によります。

2. 2以上の証券取引所に上場されている日本の上場株式

日本の上場株式で、2以上の証券取引所に上場されている場合の証券取引所の選択は、「納税義務者が選択した証券取引所」となります。

つまり、「課税時期の最終価格」及び「最終価格の月平均額」があれば、どちらでも自由に選択することができます。

Q8 小規模宅地の特例と3年内家なき子

　日本に1人で住んでいた母が亡くなりました。私は4年前からアメリカに住んでおり，住居は2年前にアメリカで購入した持ち家で暮らしています。

　母が暮らしていた日本の自宅の土地について，小規模宅地の特例を適用することはできますか。母と同居していない場合，3年以内に自宅を所有していないことが要件と聞きましたが，適用できないのでしょうか？　ちなみに私は日本国籍です。

Answer

　相続開始時から申告期限まで引き続き当該宅地を所有していれば，小規模宅地の特例を適用することができます。

解　説

　被相続人の配偶者又は相続開始の直前において被相続人と同居していた親族がいない場合には，被相続人の親族で，相続開始前3年以内に日本国内にある自己又は自己の配偶者の所有する家屋（相続開始の直前において被相続人の居住の用に供されていた家屋を除きます。）に居住したことがなく，かつ，相続開始の時から相続税の申告期限までその宅地等を有している人は，小規模宅地の特例が適用できます（相続開始の時に日本国内に住所がなく，かつ，日本国籍を有していない人は除かれます。）。

　あなたはアメリカで持ち家を持っているとのことですが，「相続開始前3年以内に日本国内にある自己又は自己の配偶者の所有する家屋」が要件になりますので問題ありません。

コラム 在外財産で節税は可能か？

「海外にある財産には，相続税がかからない。」と今でも考えていらっしゃる方は，案外多いのではないでしょうか。

実は，平成12年の税制改正以前には，日本国籍の有無にかかわらず，外国に住所がある者が在外財産をもらった場合には相続税の対象外とされていました。したがって，お子様を海外に送り出し，不動産を買い与えるという節税対策が行われておりましたが，そこに国税のメスが入り，在外財産を利用した節税は事実上シャットアウトされてしまったのです。

ただし，下記のような2つのケースにおいては，在外財産に相続税がかからないことになっています。

> 1. アメリカで生まれた子供がアメリカ国籍を取得して，その子供が在外財産を取得するケース
> 2. 5年を超えて海外に移住しており，その親から子供へ在外財産を贈与するケース

したがって，「子供がアメリカの市民権を取得した」，「退職後は家族と海外へ移住したい」，というような国際派にとっては，国内財産を在外財産へシフトしておくことも一考の余地があるといえます。ただし，日本国籍が残ってしまう場合には，何があっても最低5年間は親子ともども海外に住まなければなりませんので，ホームシックにかからないよう気をつけなければなりません。相続税の節税のために，果たして祖国を捨てることができるでしょうか。

住み慣れた日本で暮らしながら，できる対策もたくさんあります。まずは国内での対策を行ってみてはいかがでしょうか。

第5章

為替換算の方法

Q1 アメリカの上場株式の換算の時期

アメリカの上場株式を相続しました。課税時期の属する月，前月，前々月の月平均額を算定するうえでの換算レートは，それぞれいつのレートで換算しますか？

Answer

個別には換算せず，選択した株価に株数を乗じた後で，課税時期のTTB（電信買相場）で換算します。

解 説

1. 上場株式の評価方法

上場株式については，所有していた株数に，課税時期の最終価額（終値），課税時期の属する月の平均，前月及び前々月の平均の4つの株価の最も低いものを乗じて評価します。

2. 換算のタイミング

国外にある財産の邦貨換算については，原則として，課税時期における最終の為替相場（TTB）とされています。

評価方法と換算方法は別次元の問題であり，換算は外国通貨で評価した後の金額を邦貨換算する手続きです。

したがって，アメリカの上場株式につきましては，ドルで評価額を算定し最後に円に換算することになりますので，使用する換算レートは課税時期のレートとなります。

Q2 為替相場がない場合

課税時期について為替相場がない場合（課税時期が日曜日であった場合）は、いつのレートで換算しますか？

Answer

課税時期に為替相場がないときは、その課税時期前の最も近い日の相場を適用します。

解説

1. 外貨建資産の円換算

相続により取得した財産が外貨建てである場合，相続税の申告では日本円に換算する必要が生じます。換算レートは，原則として課税時期（相続開始日）の納税義務者の取引金融機関が公表する相場を適用します。

ただし，外貨預金等，取引金融機関が特定されている場合には，その取引金融機関の公表するレートが適用されます。

2. 課税時期に為替相場がない場合

課税時期が取引金融機関等の休日にあたり，為替相場が公表されていない場合は，課税時期前の当該相場のうち，最も課税時期に近い日の為替レートとなります。

課税時期が日曜であった場合には，課税時期より前で取引金融機関が為替相場を公表する最も近い日，すなわち金曜日の為替レートによることになります。

Q3 為替レートが複数ある場合

為替レートは3つ（TTB・TTM・TTS）ありますが，プラスの財産とマイナスの財産はそれぞれどの換算レートを使用しますか？

Answer

原則として納税義務者の取引金融機関が公表する課税時期における最終の為替相場によります。プラスの財産の場合TTBを，マイナスの財産の場合TTSを使用します。

解 説

外貨建てによる財産及び国外にある財産（プラスの財産）の邦貨換算は，原則として，納税義務者の取引金融機関が公表する課税時期における最終の為替相場のうち，いわゆる対顧客直物電信買相場（TTB）によります。

また，外貨建債務（マイナスの財産）がある場合には，円を外貨に交換して債務を支払う必要があることから，その場合に適用すべき為替レートは対顧客直物電信売相場（TTS）となります。

第5章　為替換算の方法

Q4　先物外国為替契約の場合の換算レート

日本の相続税の相続財産となる先物外国為替契約は，いつのレートで換算しますか？

Answer

先物外国為替契約により確定している為替相場により換算します。

解　説

先物外国為替契約を締結していることによって，その財産についての為替相場が確定している場合には，その先物外国為替契約により確定している為替相場により換算することになります。

ただし，先物外国為替契約が締結されている場合であっても，契約締結時以降一定の期限までに先物相場を設定するかどうかを選択できるものについて，課税時期現在において，まだ先物相場を設定していないときは，課税時期現在の為替相場により換算することになります。

Q5 外国税額の換算の日の判定

外国で課された相続税は,いつのレートで換算しますか?

Answer

外国税額を納付すべき日における電信売相場(TTS)で換算します。

解説

外国税額を日本の相続税から控除するためには,外国税額の日本円への換算が必要になります。

そこで,外国にある財産について,その外国の法令により課された相続税に相当する税額をその外国税額を納付すべき日における電信売相場(TTS)により邦貨に換算した金額が,控除できる外国税額となります。ただし,送金が著しく遅延して行われる場合を除き,国内から送金する日の電信売相場によることもできます。

第6章

相続税の外国税額控除

Q1 アメリカで遺産税の申告を済ませている場合

アメリカにおいて遺産税の申告をしたのですが,同じ財産について日本でも相続税がかかるのですか?

Answer

あなたが無制限納税義務者に該当する場合には,アメリカで遺産税が課された財産についても,日本で改めて相続税の申告をする必要があります。

ただし,日本で申告する際には外国税額控除によりアメリカで課された税金を控除することができます。

解説

外国税額控除の概要

(1) 外国税額控除

相続又は遺贈により財産を取得した人が,国外財産について外国税を課されたときは,日本の相続税額からその外国税を控除することができます。これは,日本と外国の両方で納税義務を負う人の二重課税を調整するために設けられている制度です。

外国税額控除の限度額は,次のように計算します。

$$\text{その人の納付する相続税額（2割加算及び各種税額控除後）} \times \frac{\text{外国税が課された国外財産の価額}}{\text{相続又は遺贈により取得した財産の価額（債務控除後）}}$$

(2) 外国税額の換算レート

　日本の相続税額から控除される外国税額の換算レートは，その外国税額を納付すべき日（実際に納付した日，若しくはその国の法律による申告期限）の電信売相場（TTS）を適用します。

　ただし，日本から送金して納付する場合は，送金日が納付すべき日より著しく遅延する場合を除いて，実際の送金日の電信売相場（TTS）を適用することができます。

Q2 税額が未確定の場合の外国税額控除

日本の相続税の申告期限において,外国税額が確定していない場合は外国税額控除はできないのですか?

Answer

更正の請求による還付が受けられます。

解説

日本の相続税申告後の外国税額の確定

例えば,日本の相続税の申告期限までに外国税額が確定していない場合のように,日本の相続税の申告期限よりも外国相続税の納付すべき日が遅いときは,その外国税額の確定があったときに,外国税額控除の適用を受けるために更正の請求を行うことができます。

第6章　相続税の外国税額控除

Q3 相続税額よりも外国税額控除が多い場合

日本で課された相続税額よりも外国税額のほうが多い場合は，差額を還付されるのですか？

Answer

日本で課された相続税額より既に納付した外国税額が多い場合であっても，その差額については還付されません。

解説

1. 日本の相続税が外国の相続税より多い場合

例えば，日本の相続税額が1,000万円と計算された場合において，既に外国で相続税に相当する税金600万円（円換算額）を納付していたとします。

この場合に，日本で納付すべき相続税額は，

　　1,000万円−600万円＝400万円

となります。つまり，日本に400万円，外国に600万円，合計で1,000万円を納付したことになります。

2. 外国の相続税が日本の相続税より多い場合

1の例とは逆に，日本の相続税額が600万円と計算された場合において，既に外国で相続税に相当する税金1,000万円（円換算額）を納付していた場合はどうなるのでしょうか。

この場合には，日本で納付すべき相続税額は，

$$600\,万円 - 1{,}000\,万円 = \triangle 400\,万円 \leqq 0$$

となり，日本で納税をする必要はありませんが，差額の400万円について還付されるわけではありません。

　つまり，日本には0円，外国に1,000万円，合計で1,000万円を納付したことになります。

第6章　相続税の外国税額控除

Q4　数力国で相続税が課税された場合

数力国の相続税が課税された場合はどのような計算方法になりますか？

Answer

数力国の外国に所在する財産の価額を合計したところで，外国税額控除の計算を行うものと思われます。

解　説

被相続人が国外に財産を所有し，その財産について，財産の所在地国で相続税が課税されたときは，日本と外国で二重課税が生じるため，下記（算式）で計算した金額を日本の相続税から控除します。

ところで，被相続人が数力国に財産を所有し，数力国で相続税が課税された場合，それぞれの国と日本で二重課税が生じることから，外国に所在する財産の価額を合計したところで，外国税額控除の計算を行うものと思われます。

（算式）

$$\text{その人の納付する相続税額（2割加算及び各種税額控除後）} \times \frac{\text{外国税が課された国外財産の価額（※）}}{\text{相続又は遺贈により取得した財産の価額（債務控除後）}}$$

（※）国外にある財産の価額の合計額から，その財産に係る債務の金額を控除した額

〈図表〉 外国税額控除のイメージ

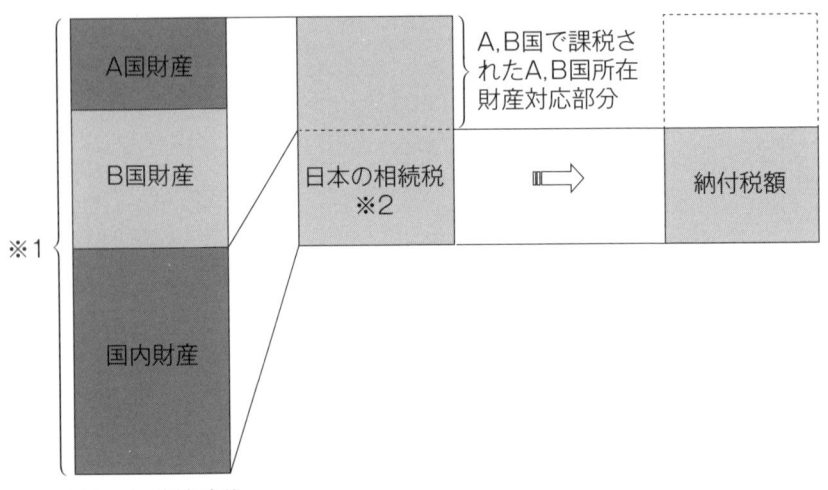

A国財産		A,B国で課税されたA,B国所在財産対応部分		
B国財産	日本の相続税 ※2		⇒	納付税額
国内財産				

※1 債務控除後
※2 2割加算,各種税額控除後

第6章 相続税の外国税額控除

Q5 相続財産が数カ国に所在する場合

　父に相続が発生し，相続人は母と息子の私です。母と私は日本に居住しているため，父が所有していたハワイの土地についても日本の相続税の対象になると聞きました。その土地についてアメリカで遺産税が課されているため，日本の相続税の計算で外国税額控除ができるということですが，注意点はございますか？

Answer

　母が配偶者の税額軽減の適用を受け，適用後の相続税が０円となった場合，アメリカで課された遺産税が控除しきれない場合があります。

解　説

1．相続税の税額控除

　相続税の税額控除には6種類あり，控除を受ける順序が決まっております。
　① 贈与税額控除
　② 配偶者の税額軽減
　③ 未成年者控除
　④ 障害者控除
　⑤ 相次相続控除
　⑥ 外国税額控除

91

上記の順序で控除されます。

　よって，配偶者の税額軽減により税額控除をして，相続税額が０円となる場合には，外国税額控除による税額控除をすることができません。また，控除しきれない分の控除額をあなたの相続税額から控除することもできません。

　つまり，アメリカで課された遺産税が日本の相続税から控除されないため，二重課税となってしまいます。

2. 二重課税とならないためには

　母が配偶者の税額軽減により相続税額が０円となる場合には，上記のとおり二重課税となってしまうため，ハワイの不動産をあなたが相続して，あなたが外国税額控除の適用を受ければ，二重課税を回避することができます。

第7章

国外財産調書制度
（国外送金等調書制度）

Q1 国外財産調書制度の概要

国外財産調書制度が創設されたそうですが，どのようなものか，その概要を教えてください。

Answer

国外財産調書制度とは，国外財産を保有している居住者がその保有する国外財産を申告する制度です。その年の12月31日において，その国外財産の価額の合計額が5,000万円を超える場合には，国外財産調書を翌年3月15日までに，税務署に提出しなければなりません。

なお，創設後の最初の国外財産調書は，<u>平成25年12月31日</u>における国外財産の保有状況を記載して，<u>平成26年3月17日</u>までに提出することになります。

解 説

1. 国外財産調書制度創設の趣旨

国外財産に係る所得や相続財産の申告漏れについては，近年増加傾向にあり，国外財産に関する課税の適正化は差し迫って重要な課題でした。国外財産の把握体制が十分でない中，適正な課税・徴収の確保を図る観点から，国外財産を保有する個人（居住者）に対して，その保有する国外財産に係る調書の提出を求める制度が創設されたのです。

第7章　国外財産調書制度（国外送金等調書制度）

<図表1>　相続税調査における海外資産関連事案

		平成22事務年度	平成23事務年度	対事務年度比
①	実地調査件数	965件	741件	106.6％
②	海外資産に係る申告漏れ等の非違件数	549件 / 116件	568件 / 111件	103.5％ / 95.7％
③	海外資産に係る重加算税賦課件数	81件 / 17件	69件 / 20件	85.2％ / 117.6％
④	海外資産に係る申告漏れ課税価格	267億円 / 59億円	300億円 / 72億円	112.4％ / 122.8％
⑤	④のうち重加算税賦課対象	45億円 / 18億円	47億円 / 11億円	105.0％ / 59.7％
⑥	非違1件当たりの申告漏れ課税価格（④／②）	4,856万円 / 5,047万円	5,277万円 / 6,478万円	108.7％ / 128.4％

（注）　左肩数は，国内資産に係る非違も含めた計数を含みます。

（出典）国税庁ホームページ

<図表2>　海外資産関連事案に係る調査事績の推移

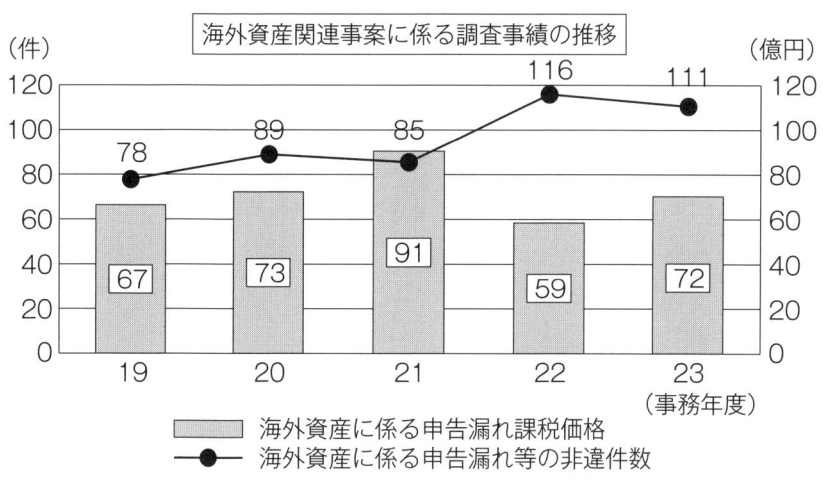

海外資産関連事案に係る調査事績の推移

事務年度	海外資産に係る申告漏れ課税価格（億円）	海外資産に係る申告漏れ等の非違件数（件）
19	67	78
20	73	89
21	91	85
22	59	116
23	72	111

（出典）国税庁ホームページ

2. 国外財産調書制度の概要

　平成24年度の税制改正により，国外財産に関する新しい制度（「国外財産調書制度」）が創設されることになりました。それは，その年末において5,000万円超の国外財産を保有する居住者について，その年の翌年3月15日までに国外財産調書を提出するというものです。

　この制度の概要は下記のとおりとなります。

提出義務者	その年の12月31日において5,000万円を超える国外財産を保有する非永住者以外の居住者。
国外財産の範囲	土地，建物，現預金，有価証券（株式，公社債，投資信託等）など。
調書の記載事項	①提出者の氏名，住所 ②国外財産の種類，用途，所在，数量，価額，その他必要な事項 注）財産の価額はその年の12月31日における「時価」又は時価に準ずるものとして「見積価額」によります。
提出時期・提出先	その年の翌年3月15日までに，所轄の税務署長に提出します。
所得税の「財産債務明細書」との関係	国外財産調書に記載した国外財産については，財産債務明細書への記載は必要ありません。
罰則	国外財産調書の不提出，虚偽記載があった場合，法定刑は，1年以下の懲役又は50万円以下の罰金とし，あわせて情状免除規定を設けることとします。

　なお，制度創設後の最初の国外財産調書は，<u>平成25年12月31日</u>における国外財産の保有状況を記載して，<u>平成26年3月17日</u>までに提出することになります。

居住者……国内に「住所」が有り，または，現在まで引き続いて1年以上「居所」がある個人をいいます。

非永住者……居住者のうち日本国籍がなく，かつ，過去10年以内の間に国内に住所又は居所を有する期間の合計が5年以下であ

第7章　国外財産調書制度（国外送金等調書制度）

る人をいいます。

＜図表3＞　国外財産調書制度のイメージ図

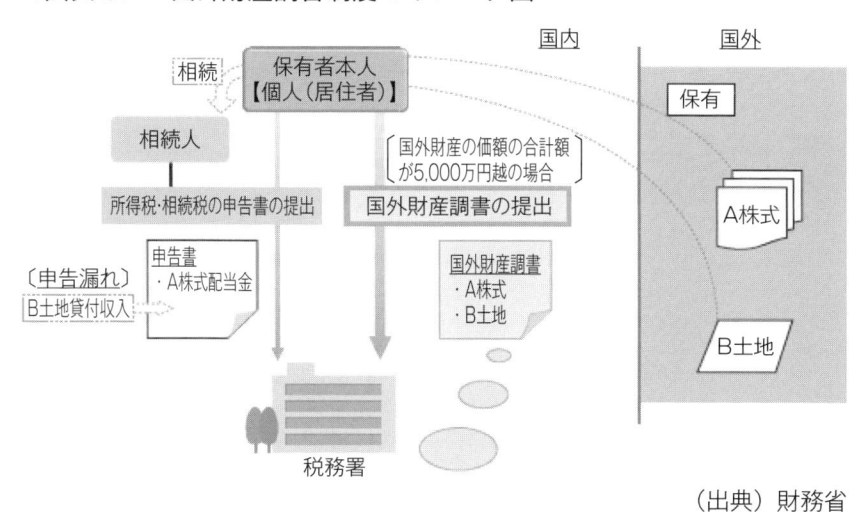

（出典）財務省

3. 国外財産調書制度の適正な提出を促すための確保策

(1) 国外財産調書の提出がある場合には，記載された国外財産に関して所得税・相続税の申告漏れがあったときでも，加算税が5％減額される優遇措置があります。

(2) 国外財産調書の提出がない場合又は提出された国外財産調書に国外財産の記載がない場合に所得税の申告漏れが生じたときは，加算税が5％加重される加重措置があります。

<図表4> 国外財産調書制度の様式のイメージ

平成25年12月31日分　国外財産調書

国外財産を 有する者		住所又は居所	東京都千代田区霞が関3－1－1				
		氏　　　名	国税　太郎　　　　　　　　（電話）3581-XXXX				
国外財産 の区分	種類	用途	所　　在	数量	価　　額	備　考	
預金	普通	一般用	アメリカ○○州・・・ ○○銀行　○○支店	1	8,500,000		
有価証券	株式	一般用	アメリカ△△州・・・ ○○Inc.	6,000	24,000,000		
			合　　計　　額		70,000,000		
(摘要)							

(出典) 国税庁

Q2 新制度における報告すべき財産

国外財産調書制度における報告するべき財産はどのようなものでしょうか。

Answer

その年12月31日に5,000万円超の国外財産を保有する場合，財産の種類に関係なく（土地，建物，現預金，有価証券（株式，公社債，投資信託等）など）報告すべきこととなります。この場合，財産の邦貨換算はその年末の対顧客直物電信買相場（TTB）によることとなります。

解　説

1. 報告の対象となる財産の所在地

報告の対象となる財産は，土地や建物，現預金などとなりますが，その判定の基準となる主な財産の所在地は，相続税法第10条の規定により下記のように判定することとなります。

<図表> 相続財産ごとの所在地の判定

財産の種類	所在の判定
動産	その動産の所在地
不動産	その不動産の所在地
預貯金	その受け入れをした営業所又は事業所の所在地
生命保険金又は損害保険契約の保険金	その契約に係る保険会社等の本店又は主たる事務所の所在地（これらが日本にないときはこれらの事務を行う営業所，事業所等）
退職手当金，功労金その他これらに準ずる給与	その給与を支払った者の住所又は本店若しくは主たる事務所の所在地
貸付金債権	その債務者の住所又は本店若しくは主たる事務所の所在地
社債，株式，出資等	その社債若しくは株式の発行法人の本店又は主たる事務所の所在地
集団投資信託又は法人課税信託	これらの信託の引受けをした営業所の所在地
国債，地方債	国（日本国）債及び地方債は，法施行地（日本国内）に所在するものとする。 外国又は外国の地方公共団体その他これに準ずるものの発行する公債は，その外国に所在するものとする

2. 留意点

(1) 外国銀行の在日支店の預貯金

外国銀行の預貯金うち，日本にある在日支店へ預け入れたものは，預け先が日本の支店なので，営業所又は事業所が日本にあるということになり，国外財産には該当しません。

(2) 国内銀行の在外支店の預貯金

日本の国内銀行に預け入れた預貯金であっても，国外にある支店に対するものは，外貨・円貨を問わず，国外財産となります。受入れをした営業所又は事業所が国外にあるためです。

(3) 借入金で購入した外国不動産

例えば，1億円の不動産を，手持資金2,000万円と借入金8,000万円で購入した場合，プラスの財産1億円で判定するのでしょうか，それとも財産と債務を相殺した2,000万円（1億円－8,000万円）で判定するのでしょうか。これは債務を相殺せずに，プラスの財産のみで判定することとなります。

(4) ジョイント・テナンシーにより不動産を購入した場合

夫の資金提供により，海外の不動産をジョイント・テナンシーで購入した場合，原則として，その不動産の2分の1は妻のものとなるため，贈与税の課税が発生します。この場合，その持分後の金額と他の国外財産との合計額が5,000万円を超えるときは，国外財産調書の対象となります。

また，妻の持分は名義上のものにすぎないと考えた場合には，その不動産の全体が夫の財産として，国外財産調書に記載することとなります。

(5) ジョイント・アカウント

夫の資金提供により外国の金融機関にてジョイント・アカウントによる口座を開設しました。この場合には，その資金を提供した者の財産となりますので，夫の財産として，国外財産調書に記載することとなります。

Q3 ハワイのコンドミニアムの評価

ハワイにコンドミニアムを所有しています。3年前に日本円で約6,000万円で購入しました。平成25年の年末において5,000万円を超える国外財産を所有する場合には、国外財産調書を翌年の3月15日までに提出しなければならないと伺いました。

この場合、ハワイのコンドミニアムの評価はどのように行えばよいでしょうか。

Answer

国外財産の評価は、その年の12月31日における「時価」又は時価に準ずるものとして「見積価額」により評価することとされています。この場合、ハワイのコンドミニアムの12月31日時点での時価が5,000万円を超える場合には、国外財産調書の提出が必要となります。

解説

平成25年より、日本の居住者がその年の12月31日において5,000万円を超える国外財産を所有する場合には、当該財産の種類、数量及び価額その他一定の事項を記載した「国外財産調書」を翌年の3月15日までに、税務署に提出する必要があります。

この国外財産調書に記載する財産の価額は、その年の12月31日時点での「時価」になります。ただし、時価に準ずるものとして「見積価額」でもよいことになっています。

「見積価額」としては，例えば，固定資産税などの課税において，財産が所在する国の公的機関によって示された価額や取得価額をベースにそれに時点修正を施した価額などが考えられます。

国外に所在する財産がコンドミニアムのように不動産等である場合，「時価」又は「見積価額」の算定は難しいと思います。

そのような場合には，鑑定評価額や固定資産税評価額を参考に評価するものと考えられます。

現時点では，個別の財産に係る具体的な評価方法等は明らかにされていませんが，いずれにせよ近い将来通達等で公表されるものと考えられます。

Q4 申告期限後の相続財産の申告

　父と私は日本に住んでいます。このたび父が平成30年4月に亡くなったため，普段から付き合いのある顧問税理士に父の相続税につき申告をしてもらいました。
　しかし，申告期限後にアメリカに父所有の賃貸物件が見つかりました。この賃貸物件については，相続人間で話し合った結果，私が相続することとなりました。
　国外財産については，税務署に調書を提出していないと納める税金が増えると聞きましたが，私の場合はどうなるのでしょうか？父は，生前にこの賃貸物件につき，所得税の申告をしたことはなく，また調書の提出もしていませんでした。
　ちなみに過去に提出した相続税申告書については，修正申告済みです。

Answer

　相続税については，調書不提出により特別に税金が増えることはありませんが，所得税については，加算税が5％加重され税金が増えることとなります。

解　説

1. 故意の国外財産調書の不提出等に対する罰則

　国外財産調書に偽りの記載をして提出した場合又は正当な理由がなく期限内に提出しなかった場合には，1年以下の懲役又は50万円以下の

罰金が科されます。ただし、期限内に提出しなかった者には、情状により、その刑を免除することができることとされています。

なお、この罰則規定は、平成27年1月1日以後に提出すべき調書について適用されます。

2. 過少申告加算税等の特例

国外財産調書制度とあわせて過少申告加算税等の特例も創設されました。これは国外財産から生じる所得税や相続税について、申告漏れや無申告があったときに、国外財産調書にその申告漏れ等の国外財産の記載があるときは加算税が軽減され、ないときは負担が増加するという内容です。

具体的には、国外財産調書に申告漏れ等の所得税や相続税に係る国外財産の記載があるときは、過少申告加算税又は無申告加算税を、その所得税や相続税の5％を軽減し、逆に申告漏れ等の所得税に係る国外財産の記載がないときは、5％負担が増加することになります（下図参照）。

なお、この制度は、平成26年1月1日以後に提出すべき国外財産調書について適用されます。

	相続税	所得税
調書の提出あり	加算税等が5％減額	加算税等が5％減額
調書の提出なし	－	加算税等が5％加重

Q5 国外財産調書の様式

① 国外財産調書の様式はどのようなものですか。
② 国外財産調書には何を記載するのですか。またいつまでに,どこへ提出するのですか。

Answer ①

(1) 様　　式

　国外財産調書の様式は次図のようになっています。

平成　年12月31日分　国外財産調書							
国外財産を有する者	住所又は居所						
	氏　名					（電話）	
国外財産の区分	種類	用途	所　　在	数量	価額	備考	
			合　計　額				
（摘要）							

(用紙　日本工業規格　A4)

Answer ②

(1) 記載事項

① その年12月31日において，その価額の合計額が5,000万円を超える国外財産を有する「非永住者以外の居住者」の氏名及び住所又は居所

② 国外財産の区分（「土地」，「建物」，「現金」，「預貯金」，「有価証券」etc.），種類，用途，所在，数量，価額

(注) 国外財産についての記載は，「個々の国外財産」ごとに行う必要があります。特に，国外財産に係る申告漏れ等が生じた場合における「過少申告加算税等の特例」（Q＆A④参照）の適否を判断する際に，申告漏れ等の基因となる国外財産であるかどうかの特定が必要となるため，国外財産についてのこれらの記載事項は重要になります。

(2) 提出期限

翌年の3月15日

(3) 提出場所

国外財産調書の提出義務を負う者は，所得税の納税義務の有無に応じ，それぞれ次の場所の所轄税務署長に提出することとされています。

したがって，所得税の納税義務がない場合にも，国外財産調書を提出する必要があります。

① その年分の所得税の納税義務がある者
　その者の所得税の納税地を所轄する税務署長

② その年分の所得税の納税義務がない者
　その者の住所地（国内に住所がないときは，居住地）を所轄する税務署長

Q6 国外財産の把握の仕方

税務署はどうやって国外財産の存在を把握するのですか？

Answer

税務署が行う国外財産を把握するための調査で，『国外送金等調書制度』という制度があります。

解　説

『国外送金等調書制度』とは，税務署が1回当たり100万円相当超の国外金融機関から国内金融機関への入金と，国内金融機関から国外金融機関への送金について，その金融機関に対し，国内の送金者又は受領者の住所及び氏名等，国外送金等年月日，相手先の氏名等，入送金金額，口座番号，入送金理由などを記載した法定調書の提出を求める制度です。

この制度により，国外からの多額の入金がある場合等には，税務署は申告すべき国外財産や運用益があるとみて，「お尋ね」という質問文書を納税者に送付し，申告を促します。

第7章 国外財産調書制度(国外送金等調書制度)

平成 年分 国外送金等調書

国内の送金者又は受領者	住所(居所)又は所在地	
	氏名又は名称	

国外送金等区分	1.国外送金・2.国外からの送金等の受領	国外送金等年月日	年 月 日

国外の送金者又は受領者の氏名又は名称	
国外の銀行等の営業所等の名称	
取次ぎ等に係る金融機関の営業所等の名称	
国外送金等に係る相手国名	

本人口座の種類	普通預金・当座預金・その他( )	本人口座の番号	

国外送金等の金額	外貨額		外貨名		送金原因	
	円換算額			(円)		

(備考)

提出者	住所(居所)又は所在地	
	氏名又は名称	(電話)

整理欄	①	②

第8章

アメリカの遺産税の手続き

Q1 概　要

米国の遺産税の概要を教えてください。

Answer

アメリカは，遺産額を基準とする遺産課税方式です。

アメリカにおける課税は日本の相続税の課税とは異なる方式を採用しています。日本の相続税の課税方式は遺産取得課税方式であり，相続人の取得した遺産に対して課税されます。それに対して，アメリカの方式は遺産課税方式で，亡くなった人の遺産額を基準として課税する方式です。

死亡時に相続開始により，相続財産の清算が行われ，残った財産が相続人に分配されるのです。

解　説

手続きとして，遺産検認（プロベイト）というプロセスがあります。これが日本との大きな違いとなり，遺産検認（プロベイト）を経て，財産が分配されます。（第8章Q15参照）

Q2 控除額

アメリカの遺産税の控除額はいくらですか。

Answer

アメリカの遺産税の控除額，年次変動がありますから，注意が必要です。

解説

年度により，異なります。
2011年度は，500万ドル
2012年度は，512万ドル
その後は政権により，変動があるでしょう
非居住者の控除はわずか6万ドルです。

Q3 課税対象

アメリカの遺産税の課税対象になるものは何でしょうか。

Answer

被相続人の所有したすべての財産が含まれます（国内外すべて）。

解　説

課税対象となる財産は，日米租税条約に従って，所在地と併せて整理すれば，次のようです。

財産	所在地
不動産	不動産の所在地
債権	債務者が居住する場所
法人株式	法人が設立され，組織されている場所
のれん	営業されている場所
特許，商標権	登録されている場所
フランチャイズ，著作権	行使できる場所
鉱業権	採掘または採石がされている場所
漁業権	管轄している国
規定のない財産	課税する国の法令が定める場所

財産の所在地の判定は，重要な要素となります。

Q4 申告義務者

アメリカの遺産税の申告は誰がするのでしょうか。

Answer

被相続人が日本居住者の場合

アメリカ国内に被相続人の保有していた財産が6万ドルを超えた場合，被相続人の遺産管理人あるいは代理人が申告をすることになります。申告はFORM706NAという書類を提出します。また，遺産が6万ドル以下であれば申告の必要はありません。

被相続人がアメリカ居住者・アメリカ国籍の場合

被相続人が全世界に保有していた遺産が500万ドル（2011年度），または512万ドル（2012年度）を超えたら，被相続人の遺産管理人あるいは代理人が申告することになります。申告はFORM706という書類を提出します。また，この控除額以下であれば申告の必要はありません。

（注）遺産管理人・代理人とは，申告をして遺産の管理ができる人を指します。一般的には被相続人の子供がなります。

解説

父親（母親）が日本在住で，不動産などをアメリカに残した場合，アメリカでは財産を残した人が申告課税されます。非居住者の控除額が6万ドルであるため，それ以上の財産があれば申告が必要となります。

財産を残す人がアメリカ在住，永住権保持者，アメリカ市民である場合は，控除が500万ドル（2011年度）ですので，それ以上の財産を残した人は申告の必要があります。

　アメリカ居住者とはアメリカ市民，永住権保持者，またはアメリカに住所があり日本に帰国する意志のない人を指します。それ以外の人ことを非居住者と呼びます。

Q5 申告期限

遺産税の申告期限はいつでしょうか。

Answer

死亡した日から9ヵ月以内に申告をしなければなりません。しかし，延長申請をすれば，6ヵ月延長することができます。ただし，税金が発生すれば，9ヵ月以内にIRS（内国歳入庁）に支払わなければなりません。

解説

IRS（内国歳入庁）に申告書（Form 706-NA）を提出します。連邦だけではなく州によって遺産税がかかるところがありますので，遺産の所在する州にも申告をする必要があります。納税義務者は被相続人になるため，代わりに遺産管理人・代理人が残された資産の中から税額を支払います。遺産管理人・代理人は一般的には被相続人の子供がなります。遺産税の税率は累進課税で，18％－35％です（2011年度時点）。

Q6 対象となる遺産税

どのような資産が遺産税の対象になりますか。

Answer

被相続人が日本居住者の場合

死亡時に所有していたアメリカに所在するすべての財産が対象となります。

例）米国法人の株式，米国所在の不動産，米国の債務　等

ただし，次のものは米国所在の財産とはなりません。
・生命保険金（米国保険会社のものでも含まれません）
・米国金融機関における預金

被相続人がアメリカ居住者・アメリカ国籍の場合

死亡時に所有していた全世界の財産が対象となります。

例）不動産，現金，年金，生命保険，株，債権，共有財産の一部（解説参照）

解　説

日本在住の日本人が死亡した場合，アメリカ国内にある財産のみをアメリカで申告します。アメリカにある財産が6万ドル以上ある場合，Form 709-NA により申告します。

アメリカ在住の人（永住権保持者，アメリカ市民を含みます。）が死亡した場合，被相続人が保有していた全世界にある財産が申告対象になります。このとき5百万ドルを超えたら，申告（Form 709）をする必要があ

ります。

また，共有財産 (Community Property, Joint Tenancy, Tenancy in Common) は持分に応じて評価されます。

Community Property－夫婦共有制
Joint Tenancy－合有不動産権
Tenancy in Common－共有不動産権

Q7 財産評価

財産はどのように評価されますか。

Answer
財産の評価は原則として死亡時の時価で評価します。

解説

アメリカは日本と違いほとんど，一部の例外もありますが時価で評価されます。不動産，自社株などは鑑定士に評価してもらうことになります。代理人が代替的評価法（Alternate Valuation）を選択することもできますが，これを選択した場合はすべての資産に適応されることになります。

Q8 控除項目

遺産額から控除できるものはありますか。。

Answer

総財産額から控除項目を差し引いて課税遺産額を算定します。
控除項目：葬儀費用，管理費用（弁護士費用，会計士費用等），
　　　　　未払債務，慈善寄付など

解説

一般的には遺産税専門の弁護士，あるいは会計士に申告を依頼します。

Q9 二重課税

日本とアメリカ両方に財産を保有していた場合，両国で二重に課税されるのでしょうか。

Answer

両国で申告し課税されますが，一方の国で外国税額控除をすることができます。日本国籍の人であれば日本では全世界の財産が課税され，アメリカではアメリカ国内にある財産のみを申告します。従って，一方の国で外国税額控除がとれるため二重課税にはなりません。

解説

日本人は日米遺産相続条約により，アメリカ人と同じ額の控除額をアメリカにある財産額と全世界の財産額と按分することにより，控除することができます。

例) 以下の財産を保有していた被相続人が2011年に死亡した場合
- 日本での財産額：500万ドル
- アメリカにある財産：100万ドル
- 全世界財産：600万ドル

$$\frac{\$1,000,000}{\$6,000,000} \times \underset{\text{(2011年最大税額控除)}}{\$1,730,800} = \underset{\text{(控除額)}}{\$288,467}$$

100万ドルに対するアメリカでの税額から288,467ドルを控除できま

す。アメリカでの100万ドルに対する税額（2011年度時点）は248,300ドルとなりますので，全額控除することができます。

Q 10 配偶者控除

配偶者がアメリカ市民でない場合，配偶者控除は認められますか。

Answer

配偶者がアメリカ市民（国籍）の場合：無制限の控除があります。

配偶者が永住権者・日本在住者の場合：控除は適用されません。

解 説

アメリカ市民以外の配偶者には配偶者控除は適用されません。ただし，QDOT（Qualified Domestic Trust）という信託を作成して，市民と同じ控除を取ることもできます。

また，アメリカ国籍のない配偶者に対する贈与枠をうまく利用して，配偶者に非課税で，財産を移行する方法も考えられます。
国籍のない配偶者に対しては年間13万6千ドルの贈与枠が認められています（2011年度時点）。

例）夫はアメリカ人，妻はグリーンカード保持者です。夫は2011年に死亡して600万ドルの遺産があります。

　　妻は米国市民ではないため，500万ドルまでが非課税で（2011年はアメリカ市民，居住者は500万ドルまで非課税），100万ドルに対して課税されます。妻が米国市民であれば600万ドルすべて非課税になります。

第8章　アメリカの遺産税の手続き

Q11　贈与税の対象

アメリカの贈与税の対象になるものはなんですか。

Answer

アメリカ非居住者がアメリカ国内財産を贈与した時，有形資産（不動産，現金，美術品，宝石など）であれば贈与税の課税対象となります。無形資産（株式，債券，著作権など）であれば非課税です。

解説

アメリカ非居住者がアメリカにある資産を贈与する場合，上記が対象となります。アメリカ居住者が贈与する場合は有形資産，無形資産区別なく贈与の対象となります。

Q12 贈与税の納税義務者

アメリカにある財産の贈与税は誰が払いますか。

Answer

日本と違い，アメリカは贈与した人が贈与税を払います。一年に1万3千ドルまでの贈与は非課税です。

解説

誰に贈与しようと，贈与する人，一人に対して1万3千ドルまで非課税です。年間1万3千ドルを超える贈与額であれば，贈与した人がアメリカで Form 709 を IRS に申告をします。贈与した翌年の4月15日までに Form 709 で申告をします。

例）日本在住の父親がアメリカにある1万3千ドル以上の不動産を日本在住の子供に贈与した場合，父親はアメリカで申告，課税されます。贈与された子供は日本で申告し，課税されます。

Q 13　アメリカの夫から妻への贈与

アメリカ居住の夫からアメリカ居住の妻への贈与はどう扱われますか。

Answer

配偶者がアメリカ人の場合は，婚姻控除が適用されるため夫婦間の贈与は，すべて非課税になります。配偶者がアメリカ居住でアメリカ国籍がない場合は，年間13万6千ドル（2011年内の贈与）まで非課税です。

解　説

配偶者にアメリカ国籍がない場合でも，このような配偶者贈与枠を使い，生前に相続対策をすることもできます。手段としては，生命保険信託，QDOT（内国信託）などが考えられます。

Q14 相続手続き

アメリカでの相続手続きはどのようなものですか。

Answer

先ず，被相続人の死亡した時点で，財産が遺産財団（ESTATE）に移転し，その遺言執行人，代理人あるいは管財人がその遺産の処理に関して管理します。

解説

原則として，遺産は裁判所の検認を受けることになります。一般的には遺産相続専門の弁護士に依頼をして，管財人になってもらい，遺産に関して検認を受け，相続人を確定します。その後相続人に分配を行います。

検認裁判所で検認を受けている間に，遺産税の申告も同時に行います。（死亡時から9カ月以内）

検認の手続きには時間がかかるため，実際はおおよその遺産の評価をし，予定税額を計算し，9カ月以内に予定納税をすることになります。そこで申告の延長願いを出しておきます。検認が終わり，税額が確定した時点で申告をします。

Q15 検認裁判所

検認裁判所（Probate）とはなんでしょうか。

Answer

検認裁判所（Probate）とは，裁判所で財産を確定し，分配を行うという清算手続きのことです。

解説

アメリカには戸籍謄本というものがなく，相続人を確定することができません。したがって，この検認裁判所が遺産を確定し，分配を行います。

遺産がこの手続きに入ってしまうと，手続きに半年以上かかります。一般的にはこの手続きは弁護士に依頼しますので弁護士費用もかかります。アメリカにある財産が10万ドル以上ある場合は検認を受けることになります。これは日本居住者の遺産にも適用されます。

Q 16 検認裁判所の回避

検認裁判所（Probate）を回避する方法はありますか。

Answer
いくつかの方法があります。

解説

検認裁判所（Probate）を回避する方法として，以下の方法が考えられます。
① 受取人が指定されている財産は，そのとおり分配されることになります。（生命保険金，退職金など）
② 財産の所有形態が合有制（Joint Tenancy）の場合，回避できます。この場合，所有者の一人が死亡した時は他の所有者に自動的に権利が帰属します。（不動産の所有，銀行預金など）
③ 取り消し可能生前信託（Revocable Living Trust）を作成します。
被相続人が生前に信託を設定することができます。信託に財産を入れることにより，信託の受益者が定められ，プロベイトの手続きに入ることはありません。ただし，納税を回避するわけではありません。

Q17 信託の作成

信託はどのように作成しますか。

Answer

弁護士に依頼して作成してもらい，この信託に移したい財産を移します。

解　説

信託を作成しても財産をこの信託に移譲しなければ意味がありません。名義を信託に変更しなければなりません。

不動産なら登記を信託に移します。銀行口座は銀行で手続きをします。年金なども金融機関にて手続きをしてもらいます。

Q 18 アメリカ在住の子供が相続した場合

日本在住日本人の亡き父親がアメリカに時価5,000万円の不動産を残しました。相続するのはアメリカ在住の子供です。アメリカで申告しなければいけませんか。

Answer

アメリカで遺産税申告の必要があります。

解 説

アメリカにある父親の財産が6万ドル以上なのでアメリカで遺産税申告の必要があります。財産を残す人がアメリカ居住者ではないため、アメリカにある財産のみに課税されます。そして、6万ドル以上の財産があるため、アメリカで、申告をすることになります。

また、子供が日本国籍の場合、子供が日本で相続税の申告の必要があります。アメリカで課税されたら日本の申告書で外国税額控除がとれます。

Q19 日本在住の子供が相続した場合

アメリカ在住の亡き父親が，アメリカに不動産を残しました。相続するのは日本在住の子供です。アメリカで申告しなければいけませんか。

Answer

父親の全世界の財産が5百万ドル以下の場合はアメリカでの申告は必要ありません。

解 説

アメリカ居住者は，全世界の財産をアメリカで申告する必要があります。（ただし，財産が5百万ドル以上の場合。2011年度）

相続する子供は日本に住所があるため，日本で相続税の申告をすることになります。

Q 20　日本にある財産を贈与する場合

アメリカ在住の子供に日本在住の親が日本の財産を贈与したいと思います。どこで申告および課税されるのですか。

Answer

日本では贈与を受ける人が日本において申告し課税されます。アメリカでは贈与された翌年4月15日までに子供は贈与のあった旨をForm 3520で申告します（贈与額が10万ドル以上の場合）。この贈与に関してのアメリカでの課税はありません。

解　説

子供はアメリカ在住であっても，日本の財産が贈与されれば，贈与される子供は日本で申告し，課税されます。贈与する人（親）がアメリカ居住者ではないため，また，財産が日本であるため，アメリカの贈与税の対象にはなりません。

ただし，アメリカに対しては海外の資産の贈与を受けたいという報告をしなければいけません。

Q21 アメリカにある財産を贈与する場合

日本在住の親がアメリカに持っている不動産をアメリカ在住の子供に贈与したいと思います。どこで申告および課税されるのですか。

Answer

日本では贈与される子供が申告して，課税されます。1万3千ドル以上の贈与額であれば贈与者がアメリカでもForm 709を申告し，課税されます。ただし，外国税額控除はとれます。

解説

親はアメリカ居住ではありませんが，贈与する財産がアメリカにある不動産なので，アメリカで申告する必要があります。一方，子供はアメリカ在住ですが，親子ともども5年間日本を離れているという要件を満たさないので，日本で，贈与税の申告をしなければなりません。

Q 22　日米の申告期限の違い

日本の相続税とアメリカの遺産税では申告期限が異なると聞きました。申告期限のスケジュールを教えてください。

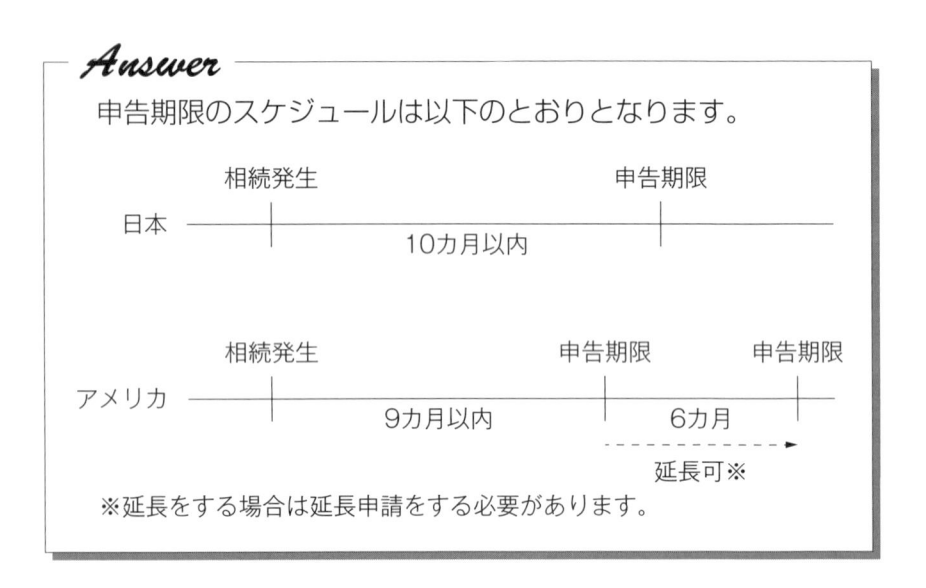

Answer

申告期限のスケジュールは以下のとおりとなります。

```
            相続発生                      申告期限
日本        ├────────────────────────────┤
                    10カ月以内


            相続発生              申告期限      申告期限
アメリカ    ├────────────────────┼────────────┤
                  9カ月以内           6カ月
                                  - - - - - →
                                    延長可※
```

※延長をする場合は延長申請をする必要があります。

解　説

1. 申告期限

日本の相続税の申告期限は相続の開始があったことを知った日の翌日から10カ月以内ですが、アメリカの遺産税の申告期限は亡くなった日から9カ月以内です。

ただし、アメリカの遺産税は延長申請をすれば、6カ月の延長が可能です。

2. 外国税額控除

　アメリカの財産について課された遺産税は，日本の相続税の計算において外国税額控除をすることができます。

　ただし，アメリカの遺産税の申告を延長し，10カ月以内に遺産税の額が確定しない場合は，日本の相続税の期限内申告においては外国税額控除の適用をしないで（又は，延長申請の際に見込納付がある場合には納付した分のみ適用をして），後で遺産税が確定したときに日本の外国税額控除を適用することになります。

日本所在の資産を日本在住者からアメリカ在住者に贈与した場合

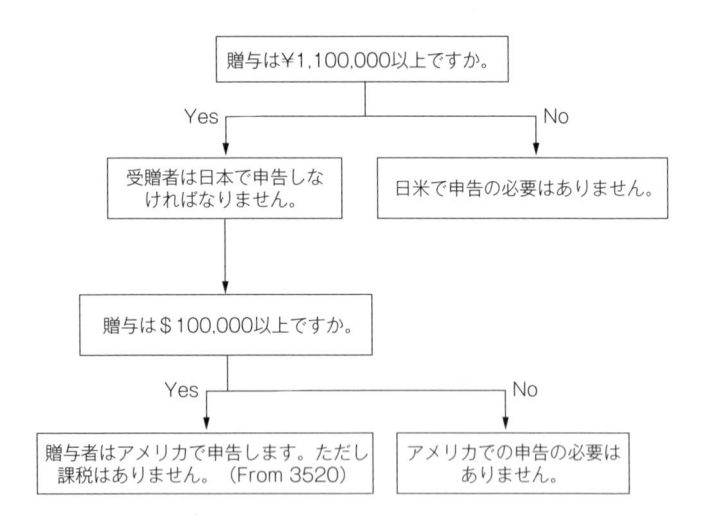

```
         贈与は¥1,100,000以上ですか。
          Yes ↙           ↘ No
受贈者は日本で申告しな         日米で申告の必要はありません。
ければなりません。
     ↓
贈与は＄100,000以上ですか。
  Yes ↙           ↘ No
贈与者はアメリカで申告します。ただし    アメリカでの申告の必要は
課税はありません。（From 3520）      ありません。
```

アメリカに所在する遺産

```
         アメリカに所在する遺産額が
         ＄5,000,000（2011年度）以上ですか。
       Yes ↙                    ↘ No
遺産を残した人はアメリカの          遺産を残した人はアメリカの
非居住者ですか。                  居住者ですか。
 Yes ↙     ↘ No                Yes ↙        ↘ No
申告の必要あり。 フォーム706申告   遺産は＄60,000以上    申告の必要は
フォーム706-NA  の必要あり。      ですか。            ありません。
                              Yes ↙    ↘ No
                        申告の必要あり。  申告の必要は
                        フォーム706-NA   ありません。
```

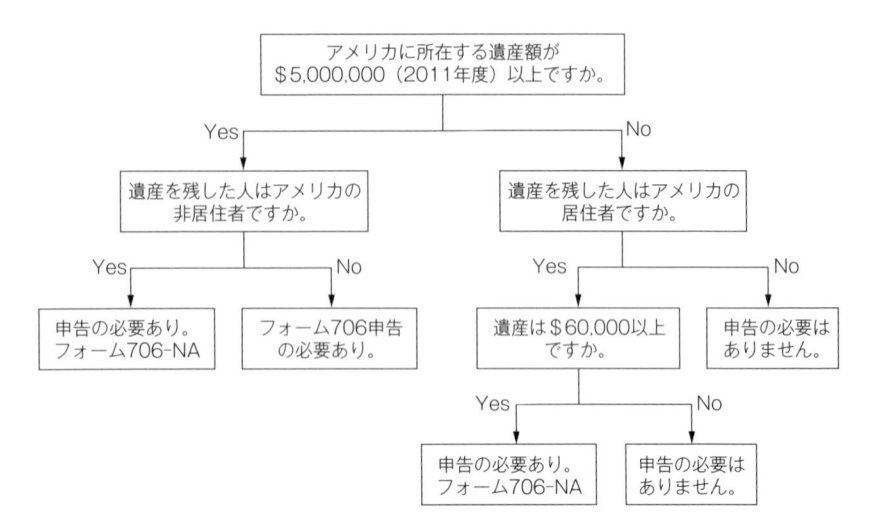

第8章 アメリカの遺産税の手続き

アメリカ在住の資産を贈与する場合

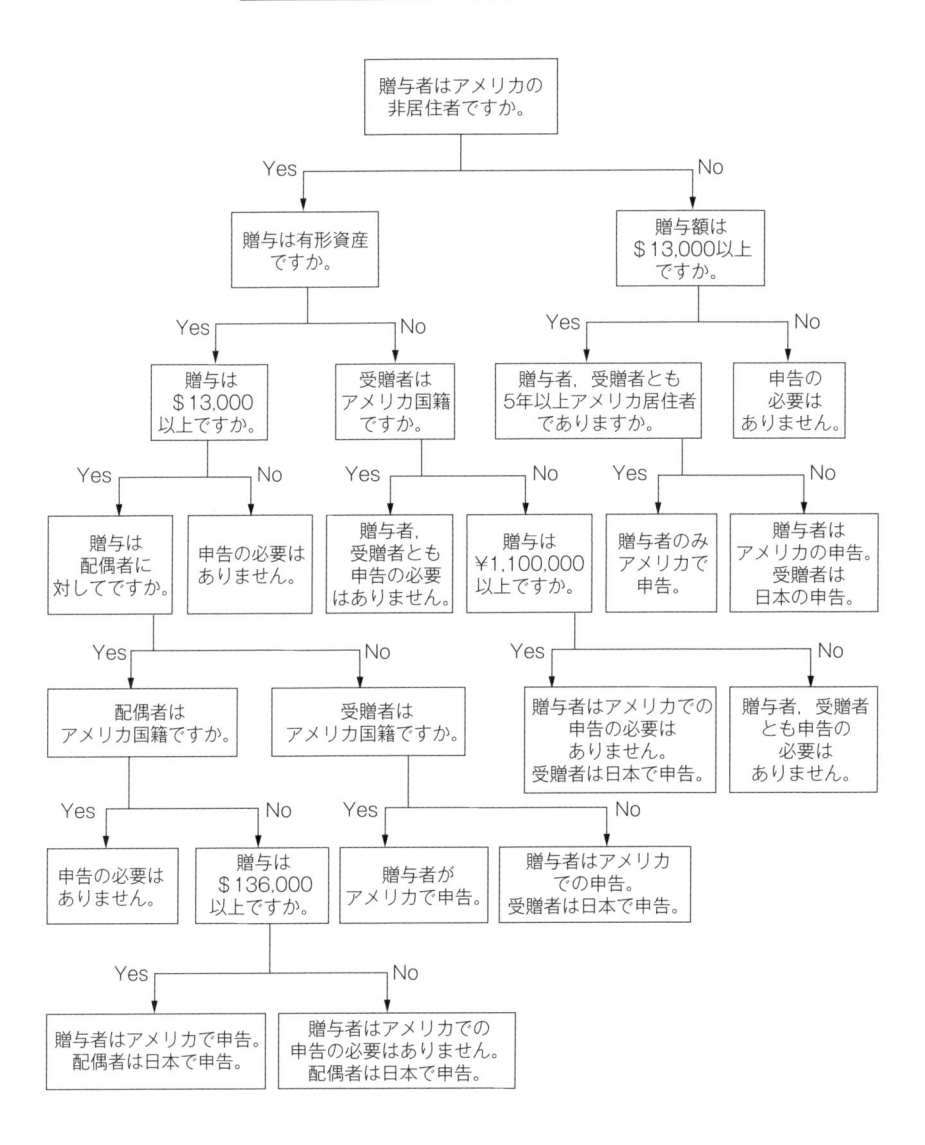

```
贈与者はアメリカの非居住者ですか。
├─ Yes → 贈与は有形資産ですか。
│   ├─ Yes → 贈与は$13,000以上ですか。
│   │   ├─ Yes → 贈与は配偶者に対してですか。
│   │   │   ├─ Yes → 配偶者はアメリカ国籍ですか。
│   │   │   │   ├─ Yes → 申告の必要はありません。
│   │   │   │   └─ No → 贈与は$136,000以上ですか。
│   │   │   │       ├─ Yes → 贈与者はアメリカで申告。配偶者は日本で申告。
│   │   │   │       └─ No → 贈与者はアメリカでの申告の必要はありません。配偶者は日本で申告。
│   │   │   └─ No → 受贈者はアメリカ国籍ですか。
│   │   │       ├─ Yes → 贈与者がアメリカで申告。
│   │   │       └─ No → 贈与者はアメリカでの申告。受贈者は日本で申告。
│   │   └─ No → 申告の必要はありません。
│   └─ No → 受贈者はアメリカ国籍ですか。
│       ├─ Yes → 贈与者，受贈者とも申告の必要はありません。
│       └─ No → 贈与は¥1,100,000以上ですか。
│           ├─ Yes → 贈与者はアメリカでの申告の必要はありません。受贈者は日本で申告。
│           └─ No → 贈与者はアメリカでの申告。受贈者は日本で申告。
└─ No → 贈与額は$13,000以上ですか。
    ├─ Yes → 贈与者，受贈者とも5年以上アメリカ居住者でありますか。
    │   ├─ Yes → 贈与者のみアメリカで申告。
    │   └─ No → 贈与者はアメリカの申告。受贈者は日本の申告。
    └─ No → 申告の必要はありません。
```

139

第9章

徴収共助条約

Q1 徴収共助条約

徴収共助条約とはどういった条約でしょうか。

Answer

徴収共助条約とは，条約を締結した国同士が租税に関する事項について，情報交換，徴収における支援及び文書の送達について定めた条約（租税に関する相互行政支援に関する条約）をいいます。

解説

経済のグローバル化に伴って国際的な経済取引が活発に行われるようになった現在，税金についても国際的な租税回避スキーム事例や滞納事例が発生するようになりました。

国際的な租税回避スキーム事例については，移転価格税制やタックスヘイブン対策税制等といった国内法の整備がなされてはいますが，スキームを用いた外国法人が納税を拒否するような場合については，税金を徴収することが困難となっております。

そもそも，国家が税金を納税義務者から徴収することができるのは，法律により課税権を行使することが認められているからです。そして，この課税権は国ごとに認められた権利で，他国の課税権を侵害することはできないとされています。

日本の税法では，外国法人も納税義務者とされており，税金を納める義務があります。しかし，外国法人が税金を納めず滞納しているような場合，国外にある財産について滞納処分の執行はできないことになって

います。
　そのため，納税義務者について滞納等がある場合に，他国の財産について徴収できるよう相互に共助する目的で条約を締結しているのです。
　徴収共助条約は，二国間条約と異なり，相手国の債権を自国の債権と同様に徴収するという租税に関する一般的・包括的な規定が定められています。
　徴収共助の内容については，次のQ&Aで確認します。

Q2 徴収共助の方法

徴収共助条約で定められている徴収共助の方法を教えてください。

Answer

徴収共助は,
① 滞納処分,
② 保全措置,
③ 納付の繰延べ
といった方法で条約締結国間で租税債権の徴収を行います。

解　説

　徴収共助とは,条約締結国間で一定の条件の下,自国の税金と同様に他国の税金を徴収することをいいます。

　つまり,日本に納税義務のある外国法人が税金を滞納しているような場合で,外国法人の所在地が条約締結国であるときは,日本が租税債権の徴収を相手国に要請し,要請を受けた相手国は自国の債権と同様に日本の租税債権を徴収することになります。具体的な徴収共助の方法は,以下のようなものになります。

①　滞納処分

　滞納処分とは上記のとおり,徴収共助の要請を受けた国が自国の租税債権と同様に要請をした国の租税債権を徴収するために必要な措置をとることをいいます。

この措置は，自国の租税債権を徴収するために行う国内法の規定に基づく全ての措置をいいます。

②　保全措置

　保全措置とは，租税債権について不服申立て等が行われてまだ争われているような場合であっても，要請国からの要請に基づき要請を受けた国が財産の差押さえや資産の凍結を行い保全の措置をとることをいいます。

③　納付の繰延べ

　納税猶予とは，要請を受けた国が自国の法令等で納付の繰延べや分割納付を認めている場合には，要請国に通知をしたうえで，要請を受けた租税債権について納付の繰延べや分割納付を認めることができるものです。

Q3 情報交換

徴収共助条約で定められている情報交換の内容を教えてください。

Answer

情報交換については,
① 要請に基づく情報交換,
② 自動的情報交換,
③ 自発的な情報交換
が規定され,2以上の国から行われる同時税務調査も認められています。

解説

　徴収共助条約では,条約締結国間で租税に関する情報開示を行うことができるようになっています。この情報交換の対象となる情報は,条約締結国の法令又は執行に関する租税で徴収共助条約の適用のあるもの全てが対象となっており,とても広範囲なものになっています。
　また,情報交換の形態については,
① 相手国から情報の開示要請があった場合,要請を受けた国は要請をした国に対して情報を提供するもの(要請に基づく情報交換),
② 条約締結国間の合意によって,情報を自動的に交換するもの(自動的情報交換),
③ 条約締結国の相手国に租税の損失が推測できるような場合,自国から情報を提供するもの(自発的な情報交換)

が規定されています。

　さらに，入手した関連情報を交換することを目的として，各国間で租税に関する共通の利害や関連を有する者に対して，2以上の条約締結国が自国の領域内において同時に行う調査（同時税務調査）を行うこともあります。

　条約締結国のうちいずれかの締結国から税務調査の要請があった場合には，2以上の締結国は同時税務調査の事案及び手続きを決定するため，相互に協議することとされています。そして，関与する締結国はこの同時税務調査に参加するか否かを決定します。

第10章

その他項目

Q1 ジョイント・アカウント，ジョイント・テナンシー

ジョイント・アカウントとジョイント・テナンシーについて簡単に教えてください。

Answer

ジョイント・アカウントは共有名義の口座をいい，ジョイント・テナンシーとは，例えば，アメリカのハワイ州で不動産を数人で所有する形態の合有不動産権をいいます。

解説

1. ジョイント・アカウント

　日本ではあまりなじみがありませんが，海外では，例えば，夫婦の共有名義で開設できる預金口座があります。ご主人が預金を入金してその口座を開設するときに名義を夫婦の共有にします。そのメリットはご主人の相続のときの簡便さにあるといえます。

　例えば，日本の口座ですと，その所有者の相続が起こると預金が凍結されてしまい一切の解約ができません。しかし，このジョイント・アカウントの場合には，共有名義人の奥様が自由に預金を使うことができます。ただし，あくまでも最初に入金したのがご主人であれば，ご主人の相続財産になりますので，その点には注意してください。

2. ジョイント・テナンシー

(1) ジョイント・テナンシーの特徴

　例えば，ハワイ州の不動産をこのジョイント・テナンシーの形態で所有した場合を考えてみましょう（合有不動産権）。

　合有不動産権とは，同一の不動産に関する同一の譲渡行為によって，2名以上の者が同時に始期を開始する同一の権利を共同所有という不動産権（Joint Tenancy）をいいます。そして，その特徴が，共有不動産とは異なり，権利者のうちある1人が死亡した場合には，その権利は相続人に引き継がれず，また，遺言で変更することもできません。その権利は残ったもう一方の生存者への権利帰属（survivorship）の原則に基づいて生存合有不動産権者に帰属することとされています。

(2) ハワイ州にあるコンドミニアムの合有不動産権は

　国税庁ホームページに「ハワイ州に所在するコンドミニアムの合有不動産権を相続税の課税対象とすることの可否」という質疑応答事例が掲載されており，その概要は以下のとおりです。

　父とその息子（長男）が合有不動産権で不動産を所有していて，父に相続が起こりました。この場合，その持分が生存合有不動産権者（長男）に移転されますがこの父の合有不動産権は相続財産になるかどうかということです。

　結論は相続税の課税対象になります。

　その理由は，合有不動産権はある不動産を取得する際に，当事者間で合有不動産権を創設しようとする契約上の合意により創設されるものでありからです。つまり，その合意は，お互いに「自分が死んだら，生存合有不動産権者に合有不動産の権利を無償で移転する。」という契約，すなわち実質的な死因贈与契約であるとみることができます。

　したがって，合有不動産権者の相続開始によるその持分の他の生存合

有不動産権者への移転は，死因贈与契約により取得したものといえ，相続税の課税上は，死因贈与（遺贈）による取得として相続税の課税対象になると考えられます。

(3) 当初の資金に注意が必要

上記の事例での前提は，長男も当初その持分相当の資金を出していることが前提に，父の相続時の持分相当が相続財産となります。

この場合，例えば，長男が資金を全く出していないのに，この合有不動産権の状態で所有していた場合には，合有不動産権その全部（父の持分だけでなく長男の持分）が相続財産となります。

あくまでも，名義ではなくて資金を出した実態で判断されますので，注意が必要です。

Q2 サイン証明

父，母は日本に住んでおり，私は3年前からハワイに住んでいます。このたび父が亡くなり，私は日本にある銀行預金を取得することで，遺産分割協議が整いました。遺産分割協議書には印鑑証明書の添付が必要と聞きましたが，私は日本で印鑑登録がありません。
その場合，どのような手続きをすればいいのでしょうか。

Answer

ハワイにある日本国総領事館で，「サイン証明」を発行してもらう必要があります。

解　説

1. 印鑑証明書の提出先

日本にある銀行預金の解約，不動産の登記などの相続手続には，原則として遺産分割協議書に署名捺印（実印）をし，相続人の印鑑証明書を添付する必要があります。また，小規模宅地等の特例・配偶者の税額軽減などの税制上の優遇措置を受ける場合には，税務署に対しても，これらの書類を提出しなければなりません。

しかし，印鑑証明書は住民票のある市区町村で登録されますので，日本国籍でもハワイに住所があって日本国の住民票がないときは，日本で印鑑証明書を発行してもらうことができません。

2. サイン証明とは

　ハワイに住所がある場合，印鑑証明書に代わるものとして日本国総領事館で「サイン証明書」を発行してもらうことになります。サイン証明書は，申請者本人がパスポートなど必要書類を持参のうえ，総領事館に出向き，領事の面前で署名したことを証明してもらうものです。申請時には，署名が必要な書類（遺産分割協議書など）も持参して，領事の面前で署名して，書類と証明書を綴りあわせてもらいます。

　なお，日本国への一時帰国が可能である場合には，日本国の公証人役場にパスポートや在留証明書を持参することで，日本国の公証人役場にサイン証明をしてもらうこともできます。

　ただし，金融機関では，遺産分割協議書のほかに，独自の相続手続書類への署名が求められることが一般的ですので，遺産分割協議書だけでなく，各金融機関ごとの書類にもあわせてサインしておいたほうがいいでしょう。

3. 在留証明書とは

　国外に在留（居住）する日本人が外国のどこに住所を有しているかを証明するものを在留証明といいます。

　ハワイの住所証明が必要な場合には，ハワイの総領事館で「在留証明書」を発行してもらいます。申請の際には，パスポートのほか，住所を証明できるものが必要になります。

第10章　その他項目

> **コラム** 資産フライトの前にお産フライト
>
> 1. 資産フライト
>   資産運用を兼ねて海外に資産を移転する人が多いようです。
>   必死の思いで築いた財産を少しでも減らしたくないと考える資産家が，少しでも税金の安い国に大事な資産を移転しようとしているからです。でもその前に，財産だけでなく実は国籍も非常に大事な問題です。
> 2. お産フライト
>   毎年，12月の大晦日に妊婦が乗る飛行機を「年末のお産便」と呼んでいるそうです。
>   この人たちの目的は，例えば，ハワイで出産するために年末の飛行機に乗っているのです。
>   その理由は，ハワイで出産すると「アメリカは出生地主義」で，アメリカで生まれた子供にはアメリカ国籍が与えられるからです。
>   つまり，その子供は，日本の国籍とアメリカの国籍の二重国籍保有者となり，その子供が22歳になるまでにどちらかの国籍を選択しなければならないことになっています。
> 3. 日本国籍を放棄し国外財産を贈与すると税金がかからない！
>   ハワイで産まれハワイ在住の太郎君が22歳になり，日本国籍を放棄してアメリカ国籍のみになりました。
>   アメリカの上場有価証券1,000万円相当を保有している太郎君のお父様は，その上場株式をハワイで太郎君に贈与しましたが，日本の贈与税はかかりません。
>   その理由は，日本国籍がない人にハワイにある財産（日本の国外財産）を贈与した場合，日本の贈与税の対象外となるからです。
>   同じように，贈与する人と財産をもらう人の双方とも5年超海外にいて，日本以外にある財産を贈与した場合にも贈与税はかかりません。
>   でも問題は，本当に日本国籍を放棄できますか……？
>   また，親子ともども海外で5年超過ごすことができますか……？
>   これらが一番難しい問題かもしれません。

【参考文献】

・坂田純一，杉田宗久，矢内一好『Q＆A国際相続の税務』（税務研究会出版局）
・高山政信，矢内一好『海外移住・ロングステイのための税務基礎知識』（財経詳報社）
・大島　襄『アメリカ税金ハンドブック』（TKC出版）
・川田　剛『Q＆Aでわかる国外財産調書制度』（税務経理協会）
・OAG税理士法人資産税部編『Q＆A相続税務全書』（ぎょうせい）
・「特集／国際相続における税務」『税経通信』2012年9月号（税務経理協会）
・「特集Ⅱ／増加する「国際相続」をめぐるトラブルと税務対応」『税理』2011年2月号（ぎょうせい）
・外務省ホームページ　／　各種証明・申請手続きガイド
・国税庁ホームページ

〔監修者紹介〕

本郷　孔洋（ほんごう　よしひろ）

辻・本郷税理士法人理事長。公認会計士・税理士。早稲田大学政経学部卒業。同大学院商学研究科修了。東京理科大学専門職大学院，東京大学特別講師を務める。

〔編著者紹介〕

辻・本郷税理士法人

＜東京本部所在地＞

〒163-0631　東京都新宿区西新宿1-25-1　新宿センタービル31階

(TEL) 03-5323-3301（代）　(FAX) 03-5323-3302（代）

(URL) http://www.ht-tax.or.jp/

【業務案内】

- 事業承継
- 資産承継

相続税・贈与税申告	自己株式譲渡
営業譲渡	金庫株の取得
持株会社設立	株式交換・株式移転
従業員持株会の組成	会社合併・会社分割

　全国に25箇所の支部と，海外に3拠点を構える税理士法人で，国際税務にも力を入れている。

海外相続研究会

木村信夫，宮村百合子，弁護士　加藤　悟

武藤泰豊，二ノ宮伸幸，前田智美，松浦真義，田澤実希子，伊藤健司

山口拓也，石上義人，山田篤士，三ツ石直樹，松川洋平，上條雪美

米国公認会計士　Yoko Hongo，米国公認会計士　Ami Hongo

監修者との契約により検印省略

平成25年3月20日 初版発行

**Q&Aで早わかり！
とっても簡単
国際相続・贈与税**

監　修	本　郷　孔　洋
編　者	辻・本郷税理士法人
発行者	大　坪　嘉　春
製版所	美研プリンティング株式会社
印刷所	税経印刷株式会社
製本所	牧製本印刷株式会社

発行所　東京都新宿区下落合2丁目5番13号　株式会社　税務経理協会

郵便番号　161-0033　振替　00190-2-187408　電話（03）3953-3301（編集代表）
FAX（03）3565-3391　　　　　　　　　（03）3953-3325（営業代表）
URL　http://www.zeikei.co.jp/
乱丁・落丁の場合はお取替えいたします。

Ⓒ　本郷孔洋　2013　　　　　　　　　　　　　　Printed in Japan

本書を無断で複写複製（コピー）することは、著作権法上の例外を除き、禁じられています。本書をコピーされる場合は、事前に日本複製権センター（JRRC）の許諾を受けてください。
JRRC〈http://www.jrrc.or.jp　eメール：info@jrrc.or.jp　電話：03-3401-2382〉

ISBN978-4-419-05932-3　C3032